U1006634

学科教学智慧的课堂样态

基于“适合发展”教学的课例研究

王九红◎编著

江苏凤凰科学技术出版社 · 南京

图书在版编目（CIP）数据

学科教学智慧的课堂样态：基于“适合发展”教学的课例研究 / 王九红编著. —南京：江苏凤凰科学技术出版社，2022.7

ISBN 978-7-5713-2968-6

Ⅰ.①学… Ⅱ.①王… Ⅲ.①课堂教学—教学研究—小学 Ⅳ.① G622.421

中国版本图书馆 CIP 数据核字（2022）第 088625 号

学科教学智慧的课堂样态：基于“适合发展”教学的课例研究

编　　著	王九红
责任编辑	吴梦琪　刘文芳
责任校对	仲　敏
责任监制	周雅婷
出版发行	江苏凤凰科学技术出版社
出版社地址	南京市湖南路 1 号 A 座，邮编：210009
出版社网址	http://www.pspress.cn
印　　刷	溧阳市金宇包装印刷有限公司
开　　本	787mm × 1092mm　1/16
印　　张	16.5
字　　数	256 000
版　　次	2022 年 7 月第 1 版
印　　次	2022 年 7 月第 1 次印刷
标准书号	ISBN 978-7-5713-2968-6
定　　价	60.00 元

图书如有印装质量问题，可随时向我社印务部调换。

前　　言

一

“学科教学智慧”概念正式提出至今正好10年。2012年我在《教育发展研究》（第12期）和《当代教育科学》（第20期）分别发表《试论学科教学智慧的内涵、表现和发展》和《学科教学智慧：教学智慧研究新进展》两篇文章，认为教学智慧研究需从课程与教学论原理层面深入学科课程与教学的层面，让广大的学科教师能够直接学习和使用研究的成果，提高工作效能，促进专业发展。

从我们的研究看，学科教学智慧研究大致经历了四个不同的阶段：变死揪为活教的教学智慧、实现三维目标的教学智慧、促进适合发展的教学智慧和落实学科育人的教学智慧。这四个阶段的研究互有交叉，前两个阶段主要是在小学数学学科进行研究与实践。大约从2011年起，学科教学智慧的研究转向了促进学生的适合发展。2012年我出版了《小学数学教学智慧研究》，后被教育部基础教育课程教材发展中心选入《2016年全国中小学图书馆（室）推荐书目》。

2012年，我来天正小学任校长，开始了江苏省教育规划课题“适合的教育理念下学校童心文化建构的实践研究”。我发现“适合的教育”与教学智慧天然契合，它将教学智慧研究聚焦于“让不同的人得到不同的发展”，为学科教学智慧研究找到了新的生长点。2018年，我们申报并获得立项了江苏省教育科学“十三五”规划重点课题“适合的教育理念下教师教学智慧发展研究”，这是涵盖小学全学科的研究，这意味着要将此前的数学学科教学智慧研究成果加以推广和提升。课题于2021年结题，本书即是研究成果之一。

二

本书原计划于2021年出版，迁延至今主要有两方面原因。一是2021年我们申报江苏省基础教育教学成果奖，这耗费了我们许多时间。很幸运，“适合发展：小学数学智慧教学18年实践”获得了江苏省基础教育教学成果特等奖。这让我们再次全面而深刻地审视我们在“学科教学智慧”和“适合发展教学”等方面的思想和行动，由此产生了许多新的认识。二是写作期间中国教育有两件大事：2021年7月中共中央办公厅和国务院办公厅联合下发《关于进一步减轻义务教育阶段学生作业负担和校外培训负担的意见》（简称“双减”政策），2022年4月教育部发布新修改的《义务教育课程方案和课程标准（2022年版）》。这让我们对已经写好的初稿产生了调整的想法。

“双减”政策颁布之前，我们已经在“适合发展”课堂教学方面进行了富有成效的研究，智慧教学的六个操作要领已为天正老师们熟知和运用，围绕相关观点和实践已有两篇文章发表。然而班额较大，课堂上个性化学与教时间缺乏是难以逾越的困境。响应“双减”政策要求，学校实施课后服务，学生在校时间规定从原来“不得超过6小时”变为“放学不得早于下午6点钟”，这为个性化学与教提供了大量的时间。所以，充分利用课后服务实施个性化学与教成为研究的新内容。

在一定程度上，“双减”重构了师生的学校生活，给学校办学理念、课程教学、管理服务等带来很大变化。我们申报并获得立项的江苏省教育科学“十四五”规划2021年度课题“‘双减’背景下‘适合发展’教学系统建构与实施研究”和南京市“双减”重点实验项目“作业超市，适合指导——课后服务第一时段高效实施策略研究”，意图对新形势下天正小学课程与教学改革做整体性建构。本书在一定程度上体现了已做的工作和思考，个性化学习指导是今后研究的一个重点。

在新课程标准方面，编辑同志希望能够体现一些新精神。实际上，我们一直关注各学科新课标的修订动态，通过各种路径学习并主动实践一些相关精神。例如，我们将“学科核心素养”“学科育人”纳入学科教学智慧研究的体系，将发展学生核心素养、落实学科育人根本任务视为智慧教学的目标与宗旨。全面落实新课标精神是今后学科教学智慧研究又一新引擎，它与“双减”相互交织，为学科教学智慧研究与智慧教学实践开辟了新时空。

三

本书名为“学科教学智慧的课堂样态：基于‘适合发展’教学的课例研究”，是想把学科教学智慧的课堂样态通过“适合发展”教学形象地展现出来，让更多的教师可以直观感受，真切领会学科教学智慧的内涵与外在表现，从而发展自己的教学智慧，促进学生的发展。

其实，不论何种教学主张的课堂都需要教师富有智慧——设计智谋与调适机智。“适合发展”教学主张的独特性在于“适合地发展学生”，让“学生发展得适合”。

适合地发展学生。“适合的教育”才是最好的教育。[1] 吴康宁在《反思育人方式》一文中指出，好的育人方式能引导学生不断挖掘自己的潜能，并获得相应的自我挖掘感；好的育人方式能帮助学生充分展现自己的特点，并获得相应的自我展现感；好的育人方式能激励学生持续超越自己的过去，并获得相应的自我超越感。教育应当满足学生需要，

[1] 葛道凯．“适合的教育”才是最好的教育 [J]．教育研究，2021（3）：19-22.

但教育并非学生需要的“应声虫”。教育应当满足的是学生的正当、合理、有利于自身发展的那些需要。正当的需要应该包含社会需要，适合学生是为了发展学生，学生发展不仅是自己的发展，还有为社会发展服务的要求。

学生发展得适合。从群体看，让不同人得到不同的发展。两极化的表达就是“立地顶天”的发展——让学优生潜能得到最大限度发挥，努力去“顶天”；“立地”是指让待发展生努力立于国家课程标准的水平之上。“立地”“顶天”并重，相互促进：在“立地”上“顶天”，以“顶天”促“立地”。“顶天”与“立地”并不矛盾，“顶天”不会必然地导致两极分化。苏霍姆林斯基“第二套大纲”观点说明了这一点。从个体看，是“扬长补短”地发展，长短都发展：补短板，长更长；以长促短，水涨船高。我们不赞成扬长避短，每个人都有短，成人的短可以避甚至必须避，所谓以长克短是也。然而儿童的短充满变数，谁也不敢说它将来就不能变成长。所以，虽然有些儿童还没“开窍”，但是我们必须积极地为他们做量的积累。

天正小学“适合的教育”研究至今已十余年，在今天，它被赋予了新的使命，体现出新的价值。本书努力从这样的高度来阐述我的一些拙见，囿于学力，失之肤浅，在所难免。

四

“适合发展”课堂需要教师进行智慧教学。毫无疑问，具有丰富教学智慧理论的教师更能做出智慧的教学行为。教学智慧是教师内在素养，课堂上智慧教学行动是其外在显现，教学智慧和智慧教学乃一枚硬币的两面，形二而实一。所以，本书对学科教学智慧理论和学科智慧教学实践常常笼统而言。

毋庸讳言，本书在学科教学智慧理论方面没有实质性的突破，还是维持既有的框架体系，主要是将其与“适合的教育”相联系，从学生“适合发展”的视角提出了“适合育人”这一学科教学智慧目的指向的新表达。此前，学科教学智慧目的指向经历了“让学生学得更好”“发展学科素养”和“学科育人”三种表达方式，这是一个发展的过程。前两者分别从学生的认知与素养层面进行表达，“学科育人”则上升到育人高度，它与“学科教学智慧”匹配得非常好。都是“学科”的，“智慧”的终极目标应该是“人”的发展。“适合育人”与“学科育人”表达上的差异在于一是强调了学科，一是强调了“适合”，前者源于学科教学智慧是“学科知识”适学化加工的界定，后者意在凸显适合学生的灵活方式。

学科智慧教学实践方面主要是对既有的“适合发展”课堂六个操作要领进行进一步论证和阐述，力求简洁明了、生动直观，便于各学科老师领会和运用。然而这对于我而言是一个巨大的挑战，因为这需要对多个学科教学具有较为深入的研究。对此，我早有认识，本书的体例设计分为理论探索和教学实践两个部分，就是希望通过众多学科教师们的参与，共同完成这一任务。尽管如此，在前面理论写作和后面教师课例编修过程中，捉襟见肘的情况还是频频出现。在此，我要真诚地感谢蔡宁、薛梅两位副校长的大力支持；感谢李娟副书记、袁晶副校长亲自参与后面的学科内容的写作；感谢解文倩、蔡小倩、孙毅、顾美玲、谢逸羚、胡金涛、冯凯和郑健等老师们倾力付出，撰写各学科课例及其教学智慧解析；感谢张伶俐、李华、杭慷晴、潘柯琪、崔冬梅、邓翔等老师慷慨提供材料。他们在正常工作之外，不辞辛劳、不求名利地为学生发展开发课程资源，这令我感动，我要向他们致敬。同时也希望上述老师继续深入研究，发展自己的教学智慧，促进学生的适合发展。以写促研，这也是编写本书的目的之一。

从当前实际情况看，天正小学教学智慧研究已经取得相当大的进展，但是各学科发展还不平衡，要解决的问题还有很多。其中，小学数学学科的研究进展最为显著。“适合发展：小学数学智慧教学18年实践”获得了2021年江苏省基础教育教学成果特等奖。研究已经从促进学生数学素养发展走向数学学科育人，具体表现在数学知识“三化”育人范式的构建上，即教学内容文化化、学习活动儿童化和教材内容丰富化。

五

综上所述，学科教学智慧研究是一个与时俱进的过程，“适合发展”教学是其中一个重要的阶段。我们的研究与实践成果已经显现，影响不断扩大。

首先，学科育人效果卓越。江苏省学业质量监测数据表明：我校学业水平名列前茅，整体质量高，优秀学生多。高层次思维发展好、学习自信心强、学习内部动机培养好。学生对学校高度认同，师生关系良好，学生对教师的教学方式评价指数达98.7%，高于全省平均水平近32个百分点。

其次，教师专业发展成效显著。学校被评为首批江苏省教师发展示范基地校，数学组、美术组、语文组和体育组先后获得市区优秀教研组称号。我领衔的省、市、区三级数学名师工作室设置于天正小学。多名成员成长为国家“万人计划”教学名师、“333”高层次人才培养对象、苏教名家、正高级教师、特级教师等。

再次，研究成果丰硕，影响广泛。围绕这一主题，我们共完成课题与资助项目6个；出版专著4部，其中《小学数学教学智慧研究》被选入

《2016年全国中小学图书馆（室）推荐书目》，《转识成智：基于小学数学教师PCK发展研究》荣获南京市哲学社会科学成果二等奖、江苏省教育科研创新成果二等奖；发表文章几百篇，其中核心期刊文章30余篇，人大复印资料转载20余篇。研究团队在省、市、区开设公开课、讲座千余节（次）。数学学科研究成果《适合发展——大班额条件下教学智慧的意蕴》先后在第十四届国际数学教育大会、江苏省第三届数学学会数学教育专委会年会和南京市数学会年会上进行报告。

2021年10月21日，丘成桐先生来校，我代表全校师生向先生致辞。先生博古通今，学贯中西，诗赋造诣深厚。我当时斗胆以诗汇报我们的教育思想与实践，现抄录于下，作为我对本书核心词“学科教学智慧”与“适合发展教学”的概括与诠释。

其一

百年未有大变局，龙凤腾舞何人属？
求得适合发展策，复兴中华天正徒。

其二

教学内容实丰富，学习活动真自主。
由远及近施指导，顶天立地大丈夫。
作业超市生自取，评价不依平均数。
一堑可以长一智，成功方是成功母。

其三

知识丰富是基础，智慧本来靠自悟。
立德树人天下事，桃芬李芳我自如。

王九红

2022年4月于天正园

目 录

理论篇：学科教学智慧的理论探索

第一章 困境与机遇：大变局中“适合的教育”发展 /003
第一节 困境中前行：“适合的教育”十年历程 /005
第二节 用实践求解：天正小学的探索 /010
第三节 适合发展教学：“适合的教育”最主要实施路径 /017

第二章 适合发展：学科教学智慧新使命 /029
第一节 中国深厚的教学智慧文化 /031
第二节 学科教学智慧的提出与发展 /034
第三节 指向“适合育人”的学科教学智慧 /042

第三章 学科教学智慧理论概述 /047
第一节 学科教学智慧概念界定 /049
第二节 学科教学智慧表现类型 /056
第三节 和合：智慧课堂的文化特征 /070

第四章 “适合发展”教学中的学科教学智慧样态 /077
第一节 “适合发展”课堂的智慧教学 /079
第二节 “适合发展”课堂智慧教学的评价 /094
第三节 学生个性化学习的智慧服务 /101

实践篇：学科教学智慧的课堂样态

第五章　小学语文学科教学智慧的课堂样态 ⁄115

第一节　“适合发展”课堂：《普罗米修斯》教学实录 ⁄117

第二节　教学智慧解析：自主探究，充分发展 ⁄121

第三节　小学语文学科教学智慧的特点 ⁄124

第六章　小学数学学科教学智慧的课堂样态 ⁄129

第一节　“适合发展”课堂：《认识周长》教学片段 ⁄131

第二节　教学智慧解析：扩充内容，促进不同发展 ⁄136

第三节　小学数学学科教学智慧的特点 ⁄140

第七章　小学科学学科教学智慧的课堂样态 ⁄143

第一节　“适合发展”课堂：《不同的运动》教学片段 ⁄145

第二节　教学智慧解析：自主探究，次第展开 ⁄148

第三节　小学科学学科教学智慧的特点 ⁄150

第八章　小学体育学科教学智慧的课堂样态 ⁄155

第一节　“适合发展”课堂：《耐久跑》教学片段 ⁄157

第二节　教学智慧解析：多种形式有效辅助，促进学生技能发展 ⁄161

第三节　小学体育学科教学智慧的特点 ⁄163

第九章　小学英语学科教学智慧的课堂样态 ⁄167

第一节　“适合发展”课堂：3A Unit 5 *Look at me*! 的两次教学 ⁄169

第二节　教学智慧解析：精选合适资源，助力语言学习　/174
第三节　小学英语学科教学智慧的特点　/177

第十章　小学音乐学科教学智慧的课堂样态　/183
第一节　“适合发展”课堂：《黄昏放牛》教学实录　/185
第二节　教学智慧解析：“三维六策”，发展学生音乐素养　/191
第三节　小学音乐学科教学智慧的特点　/194

第十一章　小学美术学科教学智慧的课堂样态　/197
第一节　“适合发展”课堂：《诱人的瓜果》与《双燕》教学片段　/199
第二节　教学智慧解析：迁想妙得，顺势而导　/202
第三节　小学美术学科教学智慧的特点　/204

第十二章　小学信息技术学科教学智慧的课堂样态　/209
第一节　“适合发展”课堂：《认识计算机》教学片段　/211
第二节　教学智慧解析：巧用适合方式，掌握理论知识　/214
第三节　小学信息技术学科教学智慧的特点　/216

第十三章　小学道德与法治学科教学智慧的课堂样态　/219
第一节　“适合发展”课堂：《别伤着自己》教学实录　/221
第二节　教学智慧解析：妙从玩中来　/224
第三节　小学道德与法治学科教学智慧的特点　/228

第十四章　小学综合实践活动学科教学智慧的课堂样态 ⁄231
第一节　“适合发展”课堂：“走进饮料世界”两次主题活动对比 ⁄233
第二节　教学智慧解析：言之有理，研之得法 ⁄241
第三节　小学综合实践活动学科教学智慧的特点 ⁄243

参考文献 ⁄247

理 论 篇

学科教学智慧的理论探索

第一章

困境与机遇：大变局中“适合的教育”发展

“适合的教育”是中国教育发展到一定历史阶段提出的新的发展目标。自1978年改革开放以来，我国义务教育经历了波浪式的发展：从全面解决“有学上”的难题，到着力回应“不均衡”的问题，再到现在重点进行“优质均衡”的探索。从更好地推进义务教育优质均衡发展角度看，我们在行动理念上需要从“塑造教育”转向“适合的教育”。[1]

2010年，《国家中长期教育改革和发展规划纲要（2010—2020年）》（以下简称“《规划纲要》”）首次明确提出“尊重教育规律和学生身心发展规律，为每个学生提供适合的教育”。“适合的教育”这一概念逐渐进入教育管理部门、教育研究者和中小学学校的研究和实践之中。2017年，中共中央办公厅、国务院办公厅又在《关于深化教育体制机制改革的意见》中明确要求“营造健康的教育生态，大力宣传普及适合的教育才是最好的教育”。

[1] 张新平，黄胜. 波浪式推进：我国义务教育改革发展40年[J]. 中小学管理，2018（11）：5.

第一节　困境中前行：“适合的教育”十年历程

《规划纲要》将“适合的教育”作为中国教育21世纪20年代的追求目标，既是中国传统“因材施教”教育原则在新时代的体现，又是国家教育的新思想，社会各方应共同努力。对政府来说，要发展“适合的教育”；对学校来说，要提供“适合的教育”；对学生与家长来说，要选择“适合的教育”；对社会来说，要支持、参与“适合的教育”。[1]中小学学校是落实“适合的教育”最直接和最重要的主体，其对“适合的教育”的认识、态度和实施的能力直接关系到这一日标的实现程度。

距离《规划纲要》的颁布已有十余年，“适合的教育”的进展成绩有目共睹，但与期望状态相比还有很大的差距，在实践与目标之间还有着许多问题需要解决。

一、理论困惑

（一）流于观念层面，缺少配套政策

《规划纲要》首次提出了“适合的教育”一词，但并没有明确其内涵。在《规划纲要》的起草过程中，“适合的教育”的提法曾是一个讨论的话题。但是基于我国教育发展的阶段特征，“适合的教育”没有最终表述为国家的总体目标，只是在其中提出要“关心每个学生，促进每个学生主动地、生动活泼地发展，尊重教育规律和学生身心发展规律，为每个学生提供适合的教育”。[1]显然，这一提法和要求太过笼统，只能作为一种教育的观念。

《规划纲要》提出以后，一系列重要文件中都提及“适合的教育”。例如，教育部颁发的《小学教师专业标准（试行）》（2012年2月10日）和《义务教育学校校长专业标准》（2013年2月4日）的“基本理念”中，都有“为每个学生提供适合的教育”。但是，在政策层面，缺少具体的内容阐释、具体

[1] 葛道凯.适合的教育：江苏教育的当下期待[J].江苏教育（教育管理），2017（7）：7.

的评价指标、落实的政策措施和考核办法等。这就让基层教育管理部门无法具体推行，广大的一线学校和教师无法实施。从全国的情况看，江苏省教育在落实“适合的教育”上走在了全国的前列。江苏省教育厅厅长葛道凯认为，发展“适合的教育”是一个系统工程，涉及教育改革发展的方方面面，从解决江苏教育高质量发展面临的突出问题着手，主要有三方面工作的思路和举措，即：劳动教育，补齐“适合的教育”的短板；评价改革，牵住“适合的教育”的“牛鼻子”；线上教育，为“适合的教育”拓展未来空间。[1]

（二）学界研究不多，没有达成共识

在中国知网以“适合的教育”为关键词检索，有106篇文章，其中江苏有100篇，从“文献来源分布”看，《江苏教育》杂志占55.33%。以“适合的教育”为主题检索，有1777篇文章，其中江苏有1700篇，从“文献来源分布”看，《江苏教育》杂志占37.75%。可见，理论研究不够充分，局部性很强。一线教育工作者仅能从一些专家学者的论述和对政策的解读中获得进一步的理解。

张新平认为，“适合的教育”是国家教育意志的新表达，是对“以生为本”教育理念的具体化和更加精准的表达，是一种有关教育管理的新思维。[2]成尚荣认为，“适合的教育”是教育的基本原理和重大原则，它遵循的是青少年身心发展的规律和特点，折射出并规定着教育的规律。它是素质教育的核心内涵，也是素质教育的切入口、突破口和生长点。“适合的教育”必须以落实立德树人为根本任务，培育和发展学生的核心素养。多样性、多元化是“适合的教育”的特性，这一特性适合所有学生的不同发展，带来和而不同教育生态的建构。它是一个多类型、多层次的结构，存在多维的适合的教育，但有一个共同的核心思想和原则：因材施教。进一步地，“适合的教育”不只是适应的教育，而是基于适应的促进学生更好发展的教育。它不是给予学生的教育，而是师生共同创造出来的教育。载体是课程、教学改革，应当以增强选

[1] 葛道凯．“适合的教育”才是最好的教育 [J]. 教育研究，2021（3）：19-22.
[2] 张新平．何谓“适合的教育”[J]. 基础教育论坛（下旬刊），2017（8）：61.

择性为重点，推动课程和教学改革。[1]

葛道凯认为，现在提“适合的教育”，就是要致力于解决过去没有解决的，或没有解决好的，又或者是在教育发展过程中出现的问题，如“应试教育”等。“适合的教育”就是解决这些问题的切入点。“适合的教育”是“以人民为中心”的教育发展思想、“以人为本”教育思想的另外一个角度的体现，是素质教育另一个角度的体现，也是因材施教的另外一种表述，还是“以人民为中心”教育发展思想、素质教育及因材施教在新时期新阶段的一种应用。所以，“适合的教育”应是问题导向，而不是一把万能钥匙。[2]

周思、赵峻岩在研究相关文献的基础上，对“适合的教育”给出了明确的界定，认为它是“以符合教育规律为前提，以学生为根本，以发现差异为核心的最公平的教育”。[3]

这些观点大多是从积极的角度对“适合的教育”进行理论、政策和实践上的阐述，但总体上看，还是缺乏对实践操作的指引。此外，还有一些理论探讨的文章，学理性较强，不能深入浅出，一线校长和教师理解不透。至今还有许多人对“适合的教育”学理存有疑惑，例如，判断“适合”的主体是谁？如果是学生，他人能否替代学生进行判断？因为“鞋子合不合脚只有脚知道”。再如，“适合每一个学生”能否做得到？我们“适合”学生的依据是对每一个学生特征的了解，这能够做到吗？进一步地，我们在行动上有能力“适合每一个学生”吗？

二、实践困境

（一）班级授课制造成实施上的困难

“适合的教育”在理论推演上呈现的困惑，在实践中得到了充分的印证。当前，我们国家的基础教育大多采用班级授课制，学生处于班集体中，使“适合的教育”遇到非常大的困境。教师面对学生众多的课堂，只能以所有学生的

---

［1］ 成尚荣 . 适合的教育：要义与要点——一种框架性的思考 [J]. 江苏教育（教育管理），2017（4）：34-35.
［2］ 葛道凯 . 适合的教育：江苏教育的当下期待 [J]. 江苏教育（教育管理），2017（7）：7.
［3］ 周思，赵峻岩 . 论“适合的教育”：内涵与实现路径 [J]. 教育探索，2019（1）：9.

总体认知特点和平均学业水平作为出发点安排教学进度，制订教学计划，难以满足所有学生的个性需要。教师很难做到对复杂学情的全面关注，在目标设定、重难点确立、环节设置、方法选择、练习安排等方面，只能是根据大多数学生的情况来确定。现场执教时，教师即使富有教学机智，也无法在有限的时间内照顾到每一个学生的需要，并采取适合的方式加以应对。

当然，随着科技的发展，教师可能越来越多地拥有技术手段来获知学生之间的差异，据此做出更有针对性的方案设计，从而更加有效地调整自己的教学，以实现因材施教。但目前教育领域内的技术手段尚达不到此种水平，教师缺乏全面和即时了解学生的工具和技术，往往是依据自己的经验和学生的普遍状况（年龄特征或班级特征）来实施教学。

（二）标准划一的管理和评价制度消减了教师的活力与动力

我们的教育总体上采取标准化、统一化管理，即全国统一的课程标准，基本统一的教材，区域内和学校内统一的教学进度，统一的考试和评价。这些“统一”是必要的，它确保了国家意志在教育领域的落实，保障了教育的公平性、均衡性。但也要注意，过于集中统一甚至标准化的管理，会限制校长和教师的活力和创造力。

教育评价对一线教育工作者的教育教学行为具有非常大的导向作用，不言而喻，标准、划一的教育评价与“适合的教育”存在很多相冲突的地方，会消减一线实施“适合的教育”的积极性。劳神费力培养出来的学生丰富多彩的个性被标准、划一的评价所忽视，又有多少人还会坚持不懈地继续做下去呢？这是一个现实而重要的问题。因此，我们必须进行教育评价的改革，打破传统评价观的局限，秉持多元的、动态的、差异的和情境的评价观——鼓励和提倡教师不仅要关注学生的学业发展，更要关注学生的人格健全；不仅看成长结果，更要看成长历程，注重在真实情境中评价学生的实践能力、社会适应性。

就此，国家已经开始相关的改革。2019年6月，中共中央、国务院出台《关于深化教育教学改革　全面提高义务教育质量的意见》，号召“全党全社会都要关心支持深化教育教学改革、全面提高义务教育质量工作”。坚持立德树人，着力培养担当民族复兴大任的时代新人；坚持“五育”并举，全面发展素质教育。

值得注意的是，当前规范办学这一行为有可能会被简单理解、误读甚至放大。这必将加剧管理和评价统一、标准化的程度，对“适合的教育”的实施产生消极影响。

第二节　用实践求解：天正小学的探索

尽管我们遇到了理论上的困惑和实践上的困境，但“适合的教育”是一个正确而美好的目标，我们应该积极地追求它，千方百计地实现它。事实上，有许多人正在为“适合的教育”奋斗，涌现出许多先进的学校和教师，总结出许多成功的经验。下面以天正小学为例谈一谈“适合的教育”的实践路径。

作为南京市琅琊路小学分校，天正小学的发展是一个不断探索和实施“适合的教育”的过程，其路径总体上沿着学校文化建设、管理制度变革、课程教学一体化建设、教师智慧发展和智慧校园创建五个方面推进。

一、适合童心：学校文化价值定位

张新平认为，“适合的教育”要从理想愿景转化为现实存在，当下特别紧要的就是做好与之相匹配的学校文化营建工作。只有构建起真正平等对待每一位学生的学校文化，“适合的教育”才可能走进和融入学校的日常生活。

学校文化是一个复杂的系统，包括精神层面、制度层面、行为层面和物质层面。其中，精神层面的文化最重要，它是一套价值体系，引领和制约着其他层面的文化。显然，构建“适合的教育”的学校文化，关键是形成一套“适合的教育”的价值体系。具体而言，就是要让教师形成这样的观念：在教育对象方面，关注每一个学生；在教育方式方面，采取适合学生的方式；在教育目标方面，使学生发展到适合的状态。这就意味着我们要在既有的三个“一切”（为了一切学生，一切为了学生，为了学生一切）的基础上向前发展：由面向一切学生提升至在关注全体学生的同时关注每个学生，由采用一切行为提升至强调适合学生的行为，由发展学生的一切提升至让学生全面而个性地发展。

2007年建校伊始，我们就本着“源于母体、和而不同”的观点，将琅琊路小学“快乐做主人”的办学思想转化为天正小学的校本化表达，将“童心即天，爱心至正”作为天正教师的教育信念。《规划纲要》提出的“尊重教育规律和学生身心发展规律，为每个学生提供适合的教育”，引起我们的共鸣，产生了“践行‘适合的教育’”的办学理念。在专家的指导下，我们申报了江苏省教育科学“十二五”规划课题“适合教育理念下学校童心文化建构的实践研究”，该课题于2011年获批准立项。由此，天正小学开始了“适合的教育”理念下的“童心文化”的研究与探索之路。

首先开展的是“适合童心”的调查研究，我们编写了“为了每个儿童一生的幸福成长——天正小学儿童发展现状及需求调查问卷”，问卷分为“童心德育”“童心课堂”“童心课程”和“童心文化”四个方面。我们对回收的问卷进行分析，探明了学生对童心德育的认知情况，了解了学生对童心课堂、课程和文化方面的需要。同时，我们还广泛征求了教师的意见，通过自上而下的设计与自下而上的实践相结合的方法，逐步构建了学校的“童心文化”体系——“一训四风”和发展愿景。“一训”即校训“敬天正人”。“四风”即校风——行止有章，思想无疆；教风——诲人不倦，研究不辍；学风——自主勤奋，善思乐学；政风——天道酬勤，平心持正。发展愿景即“校园美丽，生活幸福；人才辈出，桃李芬芳；名师云集，学术品位；南京一流，全省知名”。以此为框架，我们逐步展开了教师文化、学生文化、干部文化、班级文化、校园物质文化、学校开放文化等文化建设的实践。2018年，“适合教育理念下学校童心文化建构的实践研究”课题结题，研究成果《一所新学校的文化崛起》一书获江苏省教育教学与研究成果（研究类）三等奖。

二、管理：从“行止有章”迈向“适合发展”

“适合的教育”需要制度保障，保障“适合的教育”的制度要有别于传统的制度。然而，从本质上来说，制度是针对所有人的。如何制订“适合每一个”的制度呢？“适合的教育”的制度必须兼顾统一性和多样化，既要保障教育适合一类人，又要保障适合每一个人。

首先，学校要建立统一的基本规章制度。基本规章制度面向全体学生，每个人都必须遵守。其基本之处在于对学生发展的主要方面进行规定和要求，包括思想道德、日常和学习行为等，保证学生能够成为合格的学生。其制订的依据主要是国家颁布的文件，如《小学生日常行为规范》《中小学生守则》等。

其次，要充分考虑学生个性化发展需要。“适合的教育”必须改变“一把尺子量所有学生”的状况。我们要考虑不同学生的不同需要，要为这些需要的发展提供空间，要构建适合发展的评价体系。评价目的上，要改变唯学业成绩评判优劣的做法，建立发展评价体系。我们既要关注学生全面发展的水平，又要关注学生个性发展的状况；既要看重学生已经达到的发展水平，又要重视学生的进步情况，还要注意涵养其今后持续发展的潜力。坚持底线达标准，个性发展不封顶。评价内容上，在注重知识技能、情感、态度和价值的同时，要重视学生个性特长和创造能力的发展，要在具体的情境中考查学生对知识的运用能力。评价方式上，应注重多样化，学生自评、互评，教师评，家长评相结合，定性与定量相结合。

很幸运，我们的校名是“天正”，因为这可理解为采用“适合的制度”。“天”就是生养我们的大自然及其运行的规律，就是人类的道德规范，就是儿童的天性。这是我们要敬畏和适从的。“正”就是不歪，其标准就是中华民族优秀的道德规范和社会主义核心价值观。动词意义就是使我们成为一个正派的人、一个主持正义的人。“天正”二字合起来，就是要求我们采用适合儿童天性的方式，让其成为正派之人。

2017年，我们申请并获得立项了南京市教育科学“十三五”规划课题“适合的教育理念下学校章程修订的实践研究”。通过这一研究，学校原有的《行止有章——天正小学管理制度汇编》升级为《适合发展——天正小学管理制度汇编》。这标志着“适合的教育”在学校管理制度层面的进展。

行止有章，体现了我们在学校发展初期的一种管理思维方式，即用各种规定制度约束师生，从而达到师生行为契合规矩、富有章法。显然，这强调了制度的刚性和外铄力量，是将师生行为是否符合规定的制度作为管理目标达成与否的判断标准。换言之，制度成为一种标杆，一种尺度，一种衡量师生行为是否优良的标准。这似乎是制度管理的应有之义。但细究之下，这种方式似乎是在追求一种底线的标准——不犯错误，但有忽略师生作为生命主体的尊严和能动性的不足。从尊重师生主体性，激发其主观发展能动性的角度看，在提倡行止有章的同时，还要促进师生适合地发展，发展得适合。

“适合发展”的制度建设，遵循的是一种制度文化建设的观念。文化具有弥散性和浸润性。制度文化就是要激发师生内在的主体性，使其主动自觉地遵守各项制度。反过来，各项制度的制订，要从师生全体出发，兼顾部分师生的个性。不仅要着眼于管理，还要关注激励。要营造一种制度管理的文化氛围，引导师生从被动地遵守制度走向主动地维护制度。在制度落实上，刚性的制度要柔性地实施，实现制度文化教育人、激励人和发展人的功能。

《适合发展——天正小学管理制度汇编》是对《行止有章——天正小学管理制度汇编》的修订和完善，在章程第四条将“深入实施适合的教育”作为学校的办学理念，增加了新的内容，如“关于免考、补考的补充意见”等。同时，删除和调整了一些内容，如“小主人奖学金使用制度”等，并将“‘红领巾’文明监督岗实施方案”调整为“天正小能手自主管理办法”……

三、“我课堂”：课程与教学一体化建设

显然，课程和教学是学校落实“适合的教育”最主要的路径。学校要为每个学生提供可选择的丰富课程，应该在保质保量地完成国家课程计划的基础上开发校本课程，通过社团、选修课等为学生提供充分的“菜品和食粮”，同时，把选择的主动权交给学生，使“能吃的多吃，饭量小的吃得少而精”。

学校的教学改革要重视“学为中心”，要考虑学生的差异性，实施差异化教学。差异化教学不能简化为分层教学。分层教学主要依据学生学业水平的高低；差异化教学考量的因素不仅有学业水平，还有学生的认知风格、性格特征、性别差异等。要真正地落实“学为中心”，教师就要多放手，留足学生自主学习的空间。

天正小学将课程建设与教学改革一体化实施，其载体是“我课堂”。2017年，我们申报并获得立项了南京市“十三五”教育科学规划立项课题“我课堂：校本课程与教学方式一体化建设的研究”，并于2019年结题。这既是对“适合的教育”的落实，又是针对新课改（指新一轮基础教育课程改革）以来校本课程开发与教学方式变革存在的“两张皮”现象的纠偏。我们认为，课程与教学本身就是两个紧密联系的教育要素，它们之间存在着相互匹配的关系，彼此的分离不利于两者的深入发展，不利于“适合的教育”的实施。

“我课堂”，从构成上说，是“我的课程内容”和“我的教学方式”的统一体。从主体上说，是学生之“我”和教师之“我”的统一体，两个“我”互

动形成课堂教学的共同体。从层次上说，具有师生个体之“我”特征和学校之“我”特征两个层次，师生之“我”汇聚并形成了学校之“我”的独特风貌。在“我课堂”上，课程内容的选择和设计基于师生的独特条件和需要，师生都是主人。就学生而言——“我的课堂我做主”。“我”要动眼看、动耳听、动手做、动口说、动脚走、动脑想……“我们”要合作、交流、讨论、辩论、争论……“我们”相互评价，彼此欣赏，共同进步。就教师而言——“学生做主我帮助”。“我”是学生学习的设计者、组织者、引导者、合作者、支持者、评价者和欣赏者。“我课堂”不仅是师生之间通过教和学的活动促进认知发展的场域，还是相互理解、彼此悦纳、情感交流、精神成长、共同发展的家园。

四、教学智慧：教师专业发展的追求

“适合的教育”呼唤智慧的教师，智慧的教师应具有因材施教的能力，具有随机应变的机智。现在，我国分科课程占主导地位，广大教师往往称自己为某某学科的教师。他们指称的教学智慧主要指其教学所从教学科知识的智慧。

因此，针对教学智慧的研究必须深入学科的具体内容层面才更能贴近教学智慧的本质，揭示教学智慧的奥秘，对于教师及其教学的帮助才更实际、更有效。那种学科缺失范式的教学智慧研究，可以揭示教学智慧的普遍原理，具有宏观指导意义。但就已习惯了学科教学思维方式的一线教师而言，他们更需要具体可感的学科乃至具体内容层面的实践智慧。

学生所学的学科知识内容能够提供不同的学生发展所需的营养，但这种营养不是自发、直接呈现给学生的，而是需要教师的加工。这就需要教师学科教学的智慧。基于学科知识加工的观点，我们可以做如下定义：学科教学智慧就是教师依据自己的教学观念，对学生所要学习的学科知识进行转化，使之成为能更好学习的能力。这种能力不是某种简单的能力，而是一种高级的综合能力，是教师整合了知识、经验、情感和信念等多种因素之后，融通而成的一种实践智慧。

为了发展教师的教学智慧，我们于2018年申请并获得立项江苏省教育科学“十三五”规划重点资助课题“适合的教育理念下小学教师教学智慧发展研究”。自课题立项以来，我们已经举行了包括开题论证、中期汇报在内多种形式、多个场次的研讨活动，聘请了喻平、李如密、黄伟、宋宁等多位专家定期来校指导。教师积极参与研究，每个学科组的教师都确定了自己的研究主题，例如，语文组的“学科素养下语文新教材单元作业设计的智慧与实践探索”、数学组的“数学文化视域中的校本练习设计的智慧初探”、英语组的“关注儿童差异的小学英语绘本教学智慧研究”等。

与此同时，教师广泛开展案例研究。他们捕捉和描述自己教育教学的生动场景，查找存在的问题，并分析原因、总结经验。他们在实践中不断验证自己的观点，不断地调整自己的行为。行动加反思的模式使大家的教学智慧不断发展。

五、智慧校园：适合教育的环境支持

2019年3月，联合国教科文组织发布的报告《教育中的人工智能：可持续发展的挑战与机遇》提出：“人工智能技术能够支持和包容无处不在的学习访问，有助于确保提供公平和包容性的教育机会，促进个性化学习，并提升学习成果。”信息技术、互联网、大数据、人工智能改变了既有的教育环境和教育方式，为“适合的教育”突破困境、开拓新天地提供了有力的支持。

天正小学于2017年参与了南京市“智慧校园”的创建项目，目的是以此为抓手，推动信息技术在“适合的教育”中发挥作用。智慧校园建设的目标包含三个方面。一是为教师教学提供丰富的教学资源，提高教学媒体使用的便捷性、稳定性和畅通性。我们对学校网络及相关信息化教学进行硬件提升工程：增添无线接入点，改善学校无线网络环境；将数据中心改造升级，建成标准数据中心，包括计算中心、存储中心等；加强网络云盘建设，在校园开展各种云分享、云管理应用，让教师在办公室、教室、家中都能方便地使用自己的文件，实现资源共享；全校所有班级完成更换智能互动屏幕，实现投屏功能，让每位教师都能在班级里开展移动设备教学。二是提高管理效能。学校原本应用的平台就多而分散，且均是网页版。借助创建机会，我们重新开发所有应用的手机移动端，既可以统一账号登录，使用方便，效率高，又可以开展更多应用，如公告、保修、约课、护导督查、签到、考勤、请假、功能室预约等都可以在手机端完成。三是为学生的个性化发展服务。首先，提供丰富的学习资源，电子图书馆、朗读亭能够提供丰富的书籍和朗读训练。学校开设60余个社团，大家通过网上社团管理系统自主选择。电子显示屏将一周常规检查数据发布，每位学生都能及时了解。其次，建立活动场所，为学生个性化发展提供机会。学校建立了洪爷爷科技工作室、数字探究室（3D打印工作室）、创客机器人工作室、物联网气象站、数字美术室等活动场所。每周10多个班开展STEM（科学、技术、工程和数学多领域融合）项目学习，有创意机器人、创意设计、3D打印、机器人编程、无人机创客、数字美术、纸浆画等课程。每学期，参与学生达到300人以上。许多学生参与创意发明、机器人编程、创客竞赛等活动并获得奖项。

值得一提的是，我们和南京红松信息技术有限公司联合开发了“翌学——小学作业自动批阅系统”。该系统旨在减少教师在阅卷、批改作业、数据统计分析方面的技术含量较低却又耗费大量时间和精力的劳动，使他们有更多的时间从事与学生面对面的教学、指导和交流，有更多的精力进行教学研究，发展教学智慧。与自动批阅相关联的，还包括收集作业的大数据，进而进行个性化推送，满足差异化的学习需求。目前，这一项目已经取得较大进展。

10年来，“适合的教育”的探索取得了一定的成绩，今后我们要聚焦以下三个方面重点突破：一是进一步加强“适合发展”课堂的建设，要从理论上进行建构，从实践上进行归纳和验证，形成有效的课堂模式；二是研制个性化评价手册——《适合发展——天正小学个性化发展册》，作为南京市统一的《我的成长脚印——小学生素质发展记录册》的补充；三是完善“翌学——小学作业自动批阅系统”，尽快实现更大范围的使用。

第三节　适合发展教学："适合的教育"最主要实施路径

"适合的教育"作为一种国家教育意志的新表达、教育领导管理的新思维、以生为本思想的新体现[1]，其实施是一项系统工程，需要全社会同心协力。具体而言，政府要发展"适合的教育"，学校要提供"适合的教育"，学生与家长要选择"适合的教育"。中小学学校是落实"适合的教育"最直接和最重要的主体，其对"适合的教育"的认识、态度和实施的能力直接关乎这一目标的实现程度。进一步地，学校的课程教学则是其实施最主要的路径。

一、天正小学课程与教学发展历程

天正小学"适合发展"教学体系的形成是一个实践探索的过程，大体可以分为五个阶段（见图1-1）。每个阶段的课程教学行为都契合于当时学校发展的阶段性特征，都是为了解决具体的实际问题。

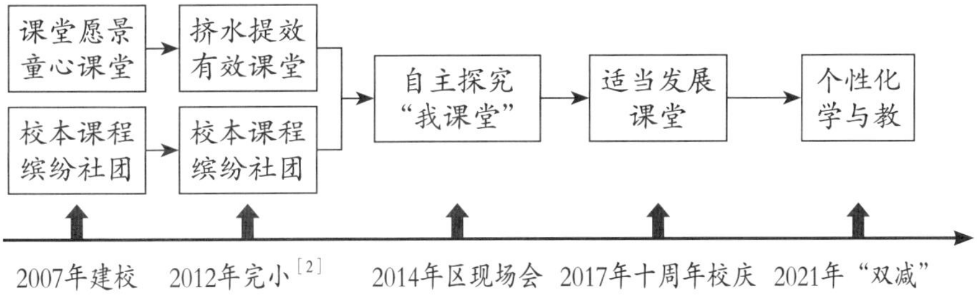

图1-1　天正小学"适合发展"教学体系探索的五个阶段

（一）童心课堂：学校课堂愿景及实践

天正小学建校伊始，就确立了"童心即天，爱心至正"教育宗旨，将童心教育作为自己的办学理念。我们将儿童天性、儿童身心成长规律视为天，老师

[1] 张新平，黄胜.波浪式推进：我国义务教育改革发展40年[J].中小学管理，2018(11)：5-7.
[2] 完小，即完全小学，指小学阶段各个年级齐备的学校。

是一个长大了的儿童，要保持童心，用自己的至正之爱关心每一个儿童。为了推动童心文化的建设，2011年学校申请并获得立项江苏省教育科学“十二五”规划课题“适合教育理念下的学校童心文化构建的实践研究”，并调查了学生对童心课程、童心课堂的需要。[1]

童心课堂方面：31.5%的学生认为教师讲解过多，22.9%的学生认为枯燥练习过多，还有1.2%的学生认为教师专业能力有待提高。学生希望课堂是自由、平等、高效的，这3个选项的选择率都是100%；还希望课堂氛围轻松、活跃，能充分表达，能有更多的动手机会。大家希望自己是发现者，所以自主探究、自主练习的选择率也是100%，自主预习的选择率也达到了87.2%。

童心课程方面：由于语文、数学、英语等国家课程学习压力大，所以喜欢率相对较低。学生特别喜欢学校开设的社团校本课程，每人都参与了至少一门自主选择的课程。针对校外补充较多的情况，学生希望校内更多补充学生感兴趣的校本课程。在校本课程的开展时间方面，43.8%的学生希望自由选择参加时间，还有40.3%的学生希望每天都可以开展。

上述学生关于课程与教学方面的需要成为“童心课堂”建设的依据，2012年，天正课堂已经初步显现了“童心”文化的特色，课堂氛围融洽，师生关系和谐。学生在课堂上自信了，他们大胆表达，“我认为”“我补充”“我质疑”“我反对”……成了他们的课堂用语。学校将校本课程选择权交到了学生手里，他们每人至少能选择一个社团。三模科技、趣味英语、超轻黏土、篮球、管乐、空竹、3D打印、轮滑、创意纸浆画等社团得到了学生们的普遍认可，喜欢率达到89.7%。

（二）挤水提效：课堂改革的效率取向

童心课堂建设取得了较大的进展。课堂上学生们轻松活跃，思想自由。课堂是他们的自在空间，他们可以自行到讲桌上取面纸擦鼻涕，取抽纸上厕所，可以喝水、吃水果……这种宽松自由的课堂氛围充分尊重了学生的自主性，但也导致了课堂效率低下、学生借故离开课堂在外游荡等问题的出现。这引发了大家关于自由与规约关系的讨论，以及提高课堂教学效率的讨论。前者推动了

[1] 王九红. 一所新学校的文化崛起[M]. 南京：南京大学出版社，2017：23-24.

“行止有章，思想无疆”校风的形成，后者引发了“挤水提效”行动。作为校长，我做了“如何提高教学效率”的主题讲座。讲座围绕为何要提高教学效率、如何理解教学效率、如何提高教学效率三方面展开，希望全体教师能根据自己课堂的教学实际，寻找自己课堂中的“水分”，进而挤掉“水分”。

接着我们在学校网站上发起“你认为教学中‘水’在哪里”的调查，54位教师做出了回答：课前准备不充分；学生会的还教；只教少数学生；课堂无度开放；教和本学科无关的东西……

通过教师广泛的参与，我们逐步明确了课堂改革的方向，达成了共识：挤掉课堂中的“水分”，构建高效轻负课堂。

围绕高效轻负课堂建构，我们展开了有序的行动。第一步，组织研讨。各学科教研组在组长的带领下深入讨论，寻找课堂中存在的“水分”。在此基础上举办了“模拟课堂活动”，组织老师们从课前准备、课堂组织和课后提优补差等角度优化课堂，挤掉“水分”。校长室、教导处针对各教研组问题有针对性地听课，通过案例研讨，提出改进措施。

第二步，各学科构建并实践高效课堂模式。例如，数学学科以教师与学生作用发挥的大小为标准形成“三段式”模式：第一段：新知学习——师生合作，相辅相成。第二段：辅导练习——以生为主，教师为辅。第三段：自主练习——自主完成，能者多劳。语文学科构建了如下高效课堂模式：创设情境，形成话题猜想；放手试读，扫清字词障碍；默读批注，探究表情达意；熟读成诵，丰富语言积累；当堂演练，强化语言应用。体育学科的“探究式”课堂教学操作要领：在体育知识的教学中探究——理解知识的逻辑性；在体育技能的形成中探究——寻求技能的合理性；在游戏活动的战术中探究——研究游戏的取胜策略。

第三步，上研究课，检验模式。全校22位教师进行学科教学展示，占全体教师人数的30%。

第四步，统整各学科模式，框定“充分探究＋自主练习”模式。即教师创设情境，铺垫引入，启发点拨，参与研究，讲解评价……为学生充分观察、操作、思考、合作、讨论、表达提供支持，努力实现活而不乱、高效轻负的课堂样态。

（三）我课堂：课程与教学一体化建设

2014年，我们在区教育局和教师发展中心的安排下举办了教学工作现场会。上级希望能够提炼出一个主题，而我们也一直在为寻找到一个能够贴切表明天正小学课程与教学改革思想与行动的名词而苦恼。孙宜珍董事长和戚韵东校长提议以“我课堂”这个词作为主题，于是活动定名为“自主学习·我课堂——鼓楼区课堂教学改革现场会天正小学专场”。随后，我们将“我课堂”研究申报为鼓楼区自主发展项目，获得立项南京市“十三五”教育科学规划课题“我课堂：校本课程与教学方式一体化建设的研究”。

首先，我们将校本课程与国家课程有机整合，形成“我”的课程内容体系。学校每学期开设近60个社团，确保全校每名学生都至少参加一个社团。这些社团活动经过多年的积淀、丰富和完善，其中一些逐步形成系统的内容体系和实施计划。学校对社团内容进行精选，将《春天里采来的花瓣——天正小学儿歌、诗歌、小古文集》《数学错题集》《数学文化课例》《橄动天正——天正小学简易式橄榄球校本课程》《创意纸浆画》《创意科技与机器人模型制作教程》，以及STEM项目、新东方儿童英语（低年级）和苏教国际外教英语（中高年级）、合唱团和管乐演唱、演奏曲目等一些较为成熟的校本课程有计划地融入语文、数学、体育、美术、科学、英语、音乐等学科教学内容体系之中，形成独具天正小学特色的教学内容体系。

其次，与“我”的内容体系相匹配，形成“我”的教学方式。这一方式遵循着共性和个性相统一的原则：一方面，概括所有学科教学具有的共性，即以“我”——学生的学习活动为中心，开展“我阅读”“我操作”“我观察”“我探究”“我发现”“我讨论”“我解答”“我尝试”“我练习”……另一方面，根据各个学科特征对上述做法进行增减变化，形成富有学科特点的教学模式。

“我课堂”建设行动以语文和数学学科为重点，以点带面进行推进，在语文大单元整合教学和数学文化课例开发两方面取得较大成效。

语文大单元整合教学体现为三“大”，即大整合、大迁移、大贯通。大整合，即按相应的主题内容、相应的教学训练点等进行课内外教学资源的整合；大迁移是教学中实现课文与课文之间、课文与群文之间、课文与整本书之间、课堂与学生生活之间、语文课与其他课程之间的迁移；大贯通是在教学流程上，教师先整体“消化”知识，然后重新编程。我们探索出10种单元课型，即单元导读课、单元朗读课、单元识字课（单元书法课）、单元品读课（单元精读课、单元略读课）、单元课外阅读课、单元整理课、单元习作课、单元习作讲评课、单元实践课、单元检测及讲评课。老师们根据单元教学目标和单元教学内容进行选择、整合、创新，因课制宜、因人制宜、因班制宜地完成教学任务。

数学是人类的一种文化，它的内容、思想、方法和语言是现代文明的重要组成部分。数学学习对于学生而言，不仅具有知识价值，还具有文化价值，数学学习不仅使学生获得数学知识和数学技能，并据此解决生活、学习和工作中的问题，而且数学学习对于学生的思维方式、价值观念乃至世界观等方面具有潜移默化的引导作用。教师每学期至少开发一节数学文化课例，轮流跑班教学，内容主要来源于三个途径：一是教材中的数学文化内容，特别是“你知道吗”栏目的内容；二是西南大学宋乃庆教授等编写的《数学文化读本》；三是教师们根据相关教学内容自己编写。自2015年起，我们多次参加全国数学文化优质课评比活动，张高洁、蔡小倩、王军、张曼等老师先后荣获一、二等奖。2016年，我校获得第二批全国数学文化研究实验学校授牌。为了推动研究深入进行，我们申请了南京市“十三五”教育科学规划课题“小学数学教学与数学文化融合的实践研究”，2018年获得立项，2020年结题。

天正“我课堂”实践取得较大进展。2013年鼓楼区小学教学工作总结会上我校做“起步高岗立，蜀道奋然行——南京市天正小学教学改革的探索”经验介绍。2014年鼓楼区教育局在我校召开“自主学习·我课堂”教学现场会，我校展示了“我课堂”11节不同学科公开课，分享了两个主题报告——“提升教学领导力——南京市天正小学教学文化建设的实践与思考”和“行止有章，思想无疆——南京市天正小学学风建设实践探索”。同年11月24日至25日，鼓楼区人民政府教育督导室对我校进行了素质教育督导考核。通过听取学校自评汇报、观看社团活动特色展演、随堂听课、教师访谈、师生家长座谈、问卷调查、学生素质测试、教师基本功测试、查阅相关资料等，对学校素质教育情况进行考核，给出《关于对南京市天正小学素质教育督导考核报告》，将学校办学成绩归纳为四条：规范办学，教育理念鲜明，办学成效显现；聚焦课堂，教学管理规范，科研引领发展；立足校本，创新育人模式，推进素质教育；优化队伍，加强师德建设，促进专业成长。考核总分150分，我校取得了145.5分。在2015年的回访中，随机听的9节课全部被评为优。

2014年，南京市教研室在我校举办南京市天正小学体育校本课程现场会，我校展示了4节橄榄球整合课、10个体育社团的活动展示课、2个主题报告，同时做了《橄动天正：天正小学简易式橄榄球校本课程》新书发布。

2016年3月，南京市教育局召开小学教学工作会，我校作为分会场。胡金涛老师美术课《玉石文化》充分体现了“我课堂”的风采，在全市美术教师中产生较大反响，各大媒体争相报道。

（四）适合发展课堂：“适合的教育”最主要落实路径

为了有效建构和实践“适合发展”课堂，我们首先对学生和教师开展问卷调查。针对学生和教师的问卷调查各有23条，主要从教与学内容、教与学方式、教师与教学评价等方面了解师生的观点，为“适合发展”教学体系的建构与实施提供依据。

其次，构建并积极实践“适合发展”课堂。我们选取课堂6个要素——教学目标、教学内容、学生学习、教师指导、学生作业、学习评价作为“适合发展”课堂研究重点，探索大班额条件下促进每一个学生适合发展的方式方法。每个方面的实际操作都需要教师的教学智慧，教师的教学智慧也是在“适合发展”课堂的实践中发展起来的。

再次，研制出《“适合发展”课堂智慧教学评价表》。以“学科育人价值体现”“教学活动创意设计”“教学现场机智互动”“课堂文化氛围建设”为一级指标，构建了12个二级指标和24个三级指标体系。

“适合发展”课堂研究及其实践成效显著，从2020年我校四年级学生参加江苏省学业水平测试成绩可见一斑。

第一，学生整体学业水平明显高于省、市、区平均水平。江苏省学业质量监测，语、数、英各科全省平均分为500分，我校语文平均得分为567分，分别高出鼓楼区、南京市和江苏省34分、54分和67分；数学平均得分为571分，分别高出鼓楼区、南京市和江苏省32分、56分和71分；英语平均得分为589分，分别高出鼓楼区、南京市和江苏省41分、60分和89分。

第二，优良水平人数多。语文、数学和英语三科550分以上人数均显著多于省、市、区平均人数。语文：95%的学生处于优良水平，其中优秀率为71%。数学：95%的学生处于优良水平，其中优秀率为73%。英语：97%的学生处于优秀水平。

第三，学生高层次思维发展好。语文、数学和英语三学科高层次思维能力水平指数分别达到76.3、78.3和93.1，分别高出全省平均水平27.9、29和31个百分点。

第四，多项育人指标超全省平均水平。学生品德行为指数为100，达到最高水平；劳动意识指数达82.7，高出全省10个百分点；学生身体质量指数为74.2，高出全省12个百分点；心理健康指数为91.2，高出全省17.2个百分点；内部学习动机指数为84.8，高出全省10.2个百分点；学习自信心指数为90.6，高出全省13.4个百分点。

第五，尽管学生学习负担综合指数仅为0.6，但是学生学习压力指数却达到36.7，比省、市、区都高，高出鼓楼区20个百分点。这说明我校学生客观上承受了很重的学业负担，比如学习时间长、睡眠时间短、作业多等；但是具有较强的抗压能力，在主观上并不认为自己很苦很累。

第六，学生对学校和教师高度认可。师生关系指数为93.6、同伴关系指数为85.7、学校认同指数为94.5、教师教学方式指数为98.7，均显著高于省、市、区水平。

“适合发展”课堂研究产生了较大的影响。2021年5月21日，天正小学举办“适合的教育：新时代学校高质量发展的样态”江苏省小学校长与学校发展专委会研讨活动。全省45所学校300余位老师参加。“适合的教育：新时代学校高质量发展的样态”主题报告和围绕“适合发展的课堂”举行的7场同课异构活动得到广泛好评。

2021年7月11日至18日，我带领天正小学部分教师和江苏省首届省级领航名师培养工程“王九红名师工作站”研究团队齐聚上海，参加第十四届国际数学教育大会。会上，我做了“适合发展——大班额条件下教学智慧的意蕴”主题报告，现场与国内外同行进行交流互动。《小学数学教学智慧的内涵、表现与特征》和《大班额条件下适合发展课堂的操作要领》两个壁报在会上被展示，《数学教学智慧：文化传统、概念理解与现实意义》和《适合发展——大班额条件下教学智慧的意蕴》两篇文章入选大会论文。本次活动让“适合发展”教学主张走向世界。

2021年10月21日下午，国际数学大师丘成桐先生走进天正小学并发表演讲，来自全省50余所名校的校长、老师和学生代表参加活动。教研组长蔡小倩代表学校做了“智慧教学，促进学生适合发展——南京市天正小学数学‘三化’教育实践探索”的报告。丘成桐先生为学校题词——“天地立心，正身厚德”。先生来访和题词是对天正小学“适合的教育”办学理念和成绩的高度肯定和极大鼓励，对天正小学今后的发展将起到巨大的推动作用。

2021年3月，“‘适合的教育’理念下教师教学智慧研究”荣获南京市第二届教育科研成果创新奖。2021年12月，“适合发展：小学数学智慧教学18年实践”荣获江苏省基础教育学成果特等奖。

（五）个性化学与教：“双减”政策给予的机遇与挑战

2021年7月24日，中共中央办公厅、国务院办公厅印发《关于进一步减轻义务教育阶段学生作业负担和校外培训负担的意见》（以下简称“双减”），这为“适合的教育”的发展提供了新机遇。

如前所述，班额较大，课堂上师生个性化学与教的时间缺乏是“适合的教育”在教学上遇到的一大困境。现在响应“双减”政策要求，学校实施课后服务，学生在校时间规定从原来“不得超过6小时”变为“不得在下午6点钟之前放学”，这为教师和学生个性化教与学提供了大量的时间。如何充分利用课后服务时间促进师生个性化教与学，成为当前“适合的教育”发展需要解决的重要问题。

然而，落实“双减”政策是项新任务，学校存在思想准备不足、政策理解站位不高、政策实施能力不足、缺少人员和经费紧张等问题。教师面临着新增课量过大、个性化指导能力不足的困难。课堂出现学生自行其是、混乱无序、时间浪费等不良现象。学生课堂作业缺少与课后服务的衔接，各学科作业没有一体化考虑，导致或多或少以及不平衡、不稳定问题。如何统筹学校全体教师参与第一时段服务？学科教师如何对多学科作业的班级进行管理和指导？如何摆脱教师“看娃”现象，提高课后服务质量？如何充分利用课后服务第一时段，促进学生的个性化作业和教师针对性的指导？这些问题能否得到很好解决，关系到“双减”政策是否真的落地。

从实际情况看，课后服务时间大致分为三个时段，即学生做作业与教师指导的第一时段、校本课程开设的第二时段和弹性托管的第三时段。第一时段主要任务是学生作业和教师指导，其有效性直接关乎教学质量，因此它是“双减”政策成功的最关键环节。正因如此，“双减”文件对学校和教师有明确要求：提高作业设计质量。发挥作业诊断、巩固、学情分析等功能，将作业设计纳入教研体系。鼓励布置分层、弹性和个性化作业。教师要指导学生在校内基本完成书面作业，严禁给家长布置或变相布置作业，严禁要求家长检查批改作业。这意味着既有的教学管理及教师作业设计、布置、批改、指导和学生作业完成方式等都要做出新的变革，需要探索出一套新的作业减负增效的措施。

为了解决这一问题，我们申请并获得立项南京市“双减”重点实验项目“作业超市，适合指导——课后服务第一时段高效实施策略研究”，旨在通过课后服务第一时段的高效实施促进学生个性化学习及其指导，促进其适合发展。该项目研究内容主要包括八个方面：建构课后服务第一时段工作组织管理机制；探索课后服务第一时段课堂实施形式；课后服务第一时段作业超市开设；课后服务第一时段教师适合指导策略；课后服务第一时段作业批改与反馈策略；课后服务第一时段同伴互助学习方式；学生作业错误资源利用策略；运用信息技术助力学生个性化学习。该项目的实施将是我们今后一段时间的重点工作。

二、天正小学“适合发展”教学系统建构

“适合的教育”的实施是一个与时俱进的过程，“双减”时代的天正课程与教学推进需要新的整体规划，即要建构“双减”背景下的天正小学“适合发展”教学系统。这是一个实践归纳与理论建构相结合的任务。具体而言，就是对天正小学既有的教学文化建设、教学研究与管理机制、“适合发展”课堂、教师教学智慧发展和信息技术运用等方面的做法和经验进行梳理、吸纳，以“适合的教育”理念和理论新发展成果为指导，结合“双减”政策落实，构建出新的“适合发展”教学系统（见图1–2）。

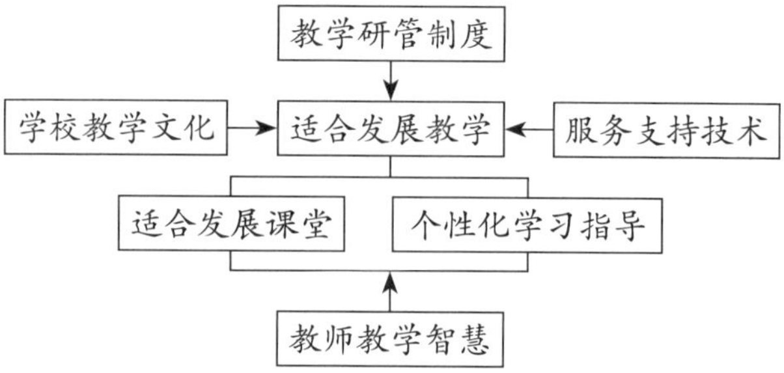

图1-2　“适合发展”教学系统

该系统主要包含五个子系统：适合发展教学、学校教学文化、教学研管制度、服务支持技术和教师教学智慧。其中，适合发展教学子系统由适合发展课堂和个性化学习指导构成，它是整个系统的核心，教师教学智慧、学校教学文化、教学研管制度和服务支持技术四个子系统围绕它发挥促进学生适合发展的作用。

适合发展教学得以实现的直接条件是教师拥有教学智慧，进一步地，适合发展课堂教学与课后服务时段学生作业的个性化指导对教师教学智慧有不同的要求。本书将在后文对前者进行详细论述，学生个性化指导则是后续研究任务。下面就学校教学文化、教学研管制度和服务支持技术三个子系统略加论述。

学校教学文化系统。“适合的教育”要从愿景转化为现实存在，当下特别紧要的就是做好与之相匹配的学校文化营建工作。只有构建起真正平等对待每一位学生的学校文化，切实尊重每一位学生的不同特点和禀赋，在学校集体生活中积极创建让每一位学生都能获得需要满足和成功体验的教育环境，欣赏每一位学生的差异，高度包容学生的表现，“适合的教育”才可能走进和融入学校的日常生活，成为办学、管校、施教的魂灵和主旨追求。[1]

进一步地，要建设适合学生发展的教学文化。要从业已习惯了的“减负”思维转向“扬正”思维。我们常常将教师与医生进行类比：一个是教书育人，讲究师德；一个是救死扶伤，提倡医德。两者做的都是良心活，都需要专业的水平。两者除了相似之处，还有一个显著的差异：到医院去的都是病人，医生

[1] 张新平．“适合的教育”与学校文化营建[J]. 基础教育论坛（下旬刊），2017（9）：63.

做的事是努力减少他们的负面因素——病，让他们尽可能地回到健康的状态；而进入学校的学生都是正常人，教师的职责是让他们成为更优秀的人，因而需要发现和发展他们的正面因素——优点。当然，学生身上也会有许多负面因素，但是，这种负面因素的减少不是仅仅依靠“治病”的方式就能解决的，还需要弘扬正能量，激发他们内在的正的品性，从而主动地克服消极因素。就此而言，适合发展的教学要充分发掘学生学习活动中的优点，适时进行肯定、鼓励和表扬，要宽容其错误。教师要富有教学智慧，善于从学生错误中发现积极的因素，将教学引向一个更好的局面。

教学研管制度系统。“适合发展”教学需要研究制度和管理制度的配套。教学研究上，要充分研究学生，研究“让不同的人得到不同发展”的教法。课前要充分了解学情，要秉持学情是一个连续体——从一极状态到中间状态，再到另一极状态。要多维度了解学情，包括认知特点、学业水平、兴趣状态、习惯品质、文化背景、年龄和性别差异等。基于学情确立“顶天立地”的教学目标，让优秀者努力“顶天”——达到所能达到的最高目标，让待发展生努力“立地”——达到国家课程标准规定的水平。要研究教学实施中的顺学调教，随机应变。研究目的指向要将近期的具体问题解决与长期的教师专业发展有机结合起来。教学管理上，要促进学生充分地发展。要创设“思行无疆”的学习氛围，鼓励学生积极进取。评价上，要德智体美劳五育并重，立德为先，实施增值评价，让学生补短板、强化长处。

服务支持技术系统。让每一个学生得到“适合发展”，这较之于整齐划一的教学，教师需要投入更多的时间和精力。当前教师的工作精力和时间大致投入在上课、批改作业、备课和教研、学校和班级工作等方面。其中批改作业占了一半左右，所以在教师已经满工作量的情况下，我们只能去优化教师工作时间结构，减轻批改作业（试卷）、数据统计等低端劳动的工作量，让教师有更多的时间进行研究和因材施教。要实现这一目的，就需要发挥技术和设备的力量，要借助人工智能进行作业和试卷批阅，同时收集作业和试卷的相关信息，进行相应的教学调整和有针对性的个别辅导。

第二章

适合发展：学科教学智慧新使命

学科教学智慧研究源自中国深厚的教学智慧文化，兴起于21世纪初的教育教学改革实践，汲取了国际教师教学研究的新成果。它与时俱进，不断充实和发展，在不同时期负载着不同的使命。从变死揪硬灌为活教活学，到应对课堂生成让教学充满生命活力，到让不同的人得到不同的发展，再到促进学科素养发展、落实学科育人根本任务，我们对学科教学智慧的实践探索一直在路上。

第一节　中国深厚的教学智慧文化

一、中国深厚的教学智慧文化

中国是一个“教”文化深厚的国家，“尊师重教”“有教无类”“教无定法”“因材施教”“无言之教”“身教胜于言教”等关于“教”的话语我们耳熟能详。从教师地位的重要性到教学对象的广泛性，再到教学方式、方法的丰富性，凸显的都是“教”。可以说，“教”是中国传统教育话语中使用得最多的语词之一。陶行知先生对此曾如是说：“现在的人叫在学校里做先生的为教员，叫他所做的事体为教书，叫他所用的法子为教授法，好像先生是专门教学生些书本知识的人。他似乎除了教以外，便没有别的本领，除书之外，便没有别的事教，而在这种学校里的学生除了受教之外，也没有别的功课。”[1]

中华民族是一个崇尚智慧的民族。智慧若水，逢方则方，遇圆则圆，随形而变，因势而动，润泽万物而始终处下，虽至柔而无坚不摧。这种智慧文化体现于教学活动就形成了独具东方韵味的教学智慧文化。

教学需要智慧，这主要源自学习者的差异性、教学内容的广泛特性和教学目标多样性等因素所导致的教学活动的复杂性。有教无类意味着教师要面对各种类型的学生，那教学互动方式就要因类而变，进一步地因不同人采用不同的方法。即使同一类人、同一个学生在学习不同的知识内容、处于不同的教学情境之中时也要采用适合的方法施教。

教学的复杂性还在于教师往往面对的不是一个学生，而是很多人（古代私塾、书院的班额少一些）。如何在同一个场景——课堂中兼顾每一个人不同的学习需要？这不是仅依靠教师掌握的教学普遍规律就能胜任的，它需要教师以教学的智慧来应对，即要统筹好课堂中学习者、学习内容、教学目标、教学媒体，包括教师自身等因素，采取适合的教学方式方法。正所谓教学有法，但无

[1] 方明 . 陶行知教育名篇 [M]. 北京：教育科学出版社，2005：1.

定法，贵在得法。无法之法，乃为至法，运用之妙存乎一心。

教师的教学智慧是教师内在的素质和修养，其对教学的积极作用不仅是教师能采用恰当的方法，实际上，教师自身就是一种巨大的影响力，“亲其师，信其道”说的就是这个道理。教师不说话却有无言之教，身教胜于言教，榜样的力量是无穷的。

二、我国当代繁茂的教学研究

沿袭教的传统，中华人民共和国成立以后的教学法研究非常盛行，以2001年第八次课改为界可分为前、后两个阶段。

课改以前的教学法研究主要集中在两个方面：一是探索新的教学思想、教和学的关系、教学内容、教学方法与手段、教学组织与结构等；二是开展教学实验，力图在教学理论指导下，解决教学中存在的诸多问题，全面提高教育教学质量。第二方面尤为火热，出现“实验范围广泛、实验层次多样、实验类型各异、实验团体建立”的盛况。[1]就以数学教学研究为例，有中国科学院心理研究所“教为主导，学为主体”自学辅导推广实验，顾泠沅小组的“尝试指导，效果回授”实验，魏书生“方法比事实更重要”培养学生自学能力的探索，马芯兰“优化教材结构，加强能力培养”小学数学教学改革实验[2]，黎世法六因素单元教学法，邱学华“先试后导，先练后讲”尝试教学法[3]，等等。

这些研究都基于或极力寻求教学理论的支撑，都归纳或建构出一套操作性很强的流程，从某种意义上可视为教学模式的研究。事实上，从1994年到2006年教学模式研究发展迅猛，受到更广泛、深入的关注。[4]

2001年教育部颁发《基础教育课程改革纲要（试行）》，开始了新课改。在“改变课程内容‘繁、难、偏、旧’的现状”的同时，要求“改变课程实施过于强调接受学习、死记硬背、机械训练的现状，倡导学生主动参与、乐于探

[1] 李定仁，徐继存.教学论研究二十年（1979—1999）[M].北京：人民教育出版社，2001：481.

[2] 李建刚.现代教学的理论与实践[M].济南：山东教育出版社，1993：527.

[3] 邱学华.尝试、开拓、创新[M].海口：海南出版社，1998：序言.

[4] 曹一鸣.中国数学课堂教学模式及其发展研究[M].北京：北京师范大学出版社，2007：16.

究、勤于动手，培养学生搜集和处理信息的能力、获取新知识的能力、分析和解决问题的能力，以及交流与合作的能力”。

课改的前期采取自上而下的推进模式，将国外许多教学理论和观点（特别是建构主义）引进中国。以数学教育为例，“大众数学”、人本主义教育思想、数学教育的“个性化”、数学教学的“生活化”、数学学习的“活动化”成为一种潮流。但随着改革的推进，各种问题逐步显现，大家认识到，我们不应采取简单的“拿来主义”，而应认真研究先进国家所倡导的各种教学方法是否真正适应中国的文化传统与社会环境。或者说，从外部引入某种教学方法并进行大规模的推广应用前，我们应当先花大力气去弄清这一方法的基本特征及主要优、缺点，再通过必要的调整与发展使之真正适合自己的国情。在教学方法的改革上，我们应给教师的创造性劳动留下更大的空间，并应充分尊重教师自己的选择。[1]

[1] 郑毓信．国际视野下的小学数学教育 [M]. 北京：人民教育出版社，2003：187.

第二节　学科教学智慧的提出与发展

“学科教学智慧”概念的提出有多方面因素，它是学科知识特点在教学行为上的体现，也是分科教学背景下一线教师教学实践的呼唤，还受到舒尔曼的学科教学知识（pedagogical content knowledge，简称PCK）的启发。其提出和发展大致经历了四个不同阶段，每个阶段承担不同的任务，即变死揪硬灌为活学活教、达成三维目标、促进学生适合发展和落实学科育人根本任务。

一、“学科教学智慧”的提出

（一）不同学科的教学具有不同的特点

“教学是以课程内容为中介的师生双方教和学的共同活动。”[1]任何教学活动都是针对一定教学内容所进行的，不存在没有教学内容的教学活动。从这个意义上说，教学智慧只能是教学某一具体教学内容的智慧，离开教学内容，教学智慧就失去了依托。

不同的教学内容其特点各异，但就同一学科的教学内容而言往往具有某种共性。例如：数学知识的特点是高度抽象性、广泛应用性、逻辑验证性和结论确定性[2]，而语文学科的特点是基础性、人文性和工具性。学科知识的不同特点是一种宝贵的教学资源，它们担负着为学生的发展提供不同“营养”的任务，正是有了各种不同营养的合理搭配，学生才能全面和谐地发展。数学知识的特点有助于学生的计算技能、思维能力、空间观念、统计观念等数学素养的发展；语文知识的学习则有助于学生正确地理解和运用祖国语言，丰富语言的积累，培养语感，发展思维，获得适应实际需要的识字写字能力、阅读能力、写作能力、口语交际能力。虽然数学与语文都肩负美育任务，但两者因学科特点不同而呈现出显著的差异。语文教学中所涉及的是人类最基本的一些感情和体会：人世间的爱恨和冷暖，自然万物生命的短暂和崇高，社会历史进程中

[1] 顾明远.教育大辞典[S].上海：上海教育出版社，1990：178.
[2] 严士健.面向21世纪的中国数学教育[M].南京：江苏教育出版社，1994.

的神奇和悲欢……然而数学教学中所涉及的却是另一种情感，希望学生养成一种新的精神——它不能被看成与生俱来的，而是一种后天养成的理性精神（这是与原始人类所普遍持有的宗教信仰或者说对大自然的敬畏心理直接相抵触的）；一种新的认识方式——客观的研究；一种新的追求——超越现象以认识隐藏于背后的本质（是什么、为什么）；一种不同的美感——数学美（罗素形容为“冷而严肃的美”）；一种深层次的快乐——由智力满足带来的快乐，成功以后的快乐；一种新的情感——超越世俗的平和；一种新的性格——善于独立思考，不怕失败，勇于坚持……[1]

学科知识的独特性及其育人功能的独特性构成了教师教学智慧的独特性。试想，如果课堂上飞进来一只蜜蜂，导致了学生的骚乱，不同学科的教师会有不同的机智（教学机智是智慧的现场表现）应对。可能语文教师会索性停下正在行进中的课，让学生观察小蜜蜂的飞行姿态，然后让学生说一说所见所闻，进而赞美其辛勤地为人类酿蜜，最后写一篇题为“可爱的小蜜蜂”的作文。可能科学教师会对小蜜蜂的身体构造（如有几对翅膀、几对足）、生活习性（如喜欢吃什么、居住在哪儿）等感兴趣。而数学教师则可能会问学生：为什么小蜜蜂飞行得如此平稳？原来它的身体两边是对称的。不同学科的教师会有不同的智慧做法，体现出不同的“学科味儿”。

（二）学科教学呼唤学科教学智慧

教学智慧的研究兴起于21世纪初前十年，“智慧型教师”“教学智慧”“教师实践智慧”等词频繁见诸当时的教育报刊。仅以《教育研究》为例，就先后发表过田慧生《时代呼唤教育智慧及智慧型教师》（2005年第2期），程广文、宋乃庆《论教学智慧》（2006年第9期），杜萍、田慧生《论教学智慧的内涵、特征与生成要素》（2007年第6期），钟启泉、刘徽《教学机智新论——兼谈课堂教学的转型》（2008年第9期）等文章。然而，这些文章并没有引起一线教师的关注。笔者经常面向一线教师开设讲座，多次进行相关询问，鲜有教师读过上述文章。这一方面因为《教育研究》杂志刊登的大多是理论性很强的文章，既需要阅读者具有丰富的相关知识积累，还需要阅读者具有

［1］郑毓信.数学的文化价值何在、何为——语文课反照下的数学教学[J].人民教育，2007（6）：39.

较高的理论思维能力。其所论述的教学智慧虽然是当前教育界关心的热点问题，但是离一线教师的实践较远；其对教学智慧所做的论述与研究是普遍的规律、通用的策略，是剥离了具体学段和学科的特点，若要为一线教师所学习、运用还需进行学段和学科的技术转化。另一方面，学科教学是一线教师最主要的工作，他们最为重视自己学科教学的成绩。他们订阅的大多是学科教学类杂志，如《小学语文教师》《小学数学教师》《小学教学研究》（语文版、数学版等）等；最喜欢阅读的文章是自己所教学科的教学设计、教学实录、案例评析等，这样可以从中直接获得所需要的各种具体做法。某篇课文怎么进行教学设计，某个新知如何创设好的情境以引入，某个课堂生成问题该如何应对……一线教师通过阅读这些文章可以直接获益，改进教学，提高教学效率。

因此，教学智慧的研究只有深入学科的层面才更能贴近教学智慧的本质，揭示教学智慧的奥秘，对于教师及其教学的帮助才更实际、更有效。富有学科教学智慧教师的教学效能更高，不仅能减轻教学工作量，而且能使学生的学业水平更高，从而赢得学生和家长的更多信任和尊重。恰如叶澜所言，富有学科教学智慧的教师还具有敏锐感受、准确判断生成和变动过程中可能出现的新情势和新问题的能力，具有把握教育教学时机、处理复杂问题和矛盾的机智。这类教师还具有使学生积极投入学校生活、热爱学习、勇于创造、乐于和他人友好相处、能够敞开心扉与他人进行心灵对话的魅力。教学智慧使教师的教学工作乃至教育生活达到科学与艺术相结合的境界，不仅形成了自己教学的独特风格，还充分展现了教学活动的迷人美丽。此时，数学课堂不仅是他工作的场所，更是他享受教书育人的幸福的地方。

（三）PCK理论的启发

20世纪80年代，国际教师研究热点转向了教学实践。舒尔曼的PCK理论、艾尔贝兹的实践知识、舍恩的反思性实践者概念相继提出[1]，其中PCK理论影响尤为广泛。

PCK的中文翻译主要有三种情况：“学科教学知识”“教学的内容知识”“课目教育学知识”。每一种翻译都有其侧重的视角，其中“学科教学知

[1] 古铁雷斯，伯拉．数学教育心理学研究手册：过去、现在与未来［M］．徐文彬，喻平，孙玲，译．南宁：广西师范大学出版社，2009：521.

识”是最常见且流行的翻译。[1]

舒尔曼认为PCK是教师学科知识与教育学知识结合形成的综合性知识，是知道如何根据学习者的不同兴趣和能力将特定主题、问题和事件组织起来，以教学的方式加以呈现的知识，具体包含使用恰当的类比、说明、举例、解释、示范等方式来呈现学科内容，知道学生理解的难易点等。

PCK揭示了教师专业知识的核心所在，是区分学科教师与学科专家的知识之一。例如，数学家和数学教师都掌握数学知识，但是两者有着根本的区别。数学家的数学知识是用来进行数学研究和新探索的依据，而数学教师的数学知识则是用来对学生进行教学的内容材料，必须经过“心理学化”才能为学生所理解。PCK还是区分经验教师与新手教师的知识之一，是使教师教学最有效的知识。新手教师虽有学科知识，却因缺乏对其进行有效的组织、调整与呈现的能力，而不能在教学中加以成功运用。PCK发展较好的专家教师能从多个角度看到大局，从而能更加灵活地选择适合主题的教学方法。进一步的研究表明，教师PCK发展水平与学生理解之间有着密切的联系。[2]

PCK对中国的教师专业发展研究产生了很大的影响，其自身也在不断发展丰富。我从“学科教学知识”一词受到启发，创造性地提出了“学科教学智慧”的概念，所撰写的论文《试论学科教学智慧的内涵、表现和发展》发表在《教育发展研究》2012年第12期上。“学科教学智慧”概念的提出主要有两方面原因：一方面，因为PCK概念局限于教师的知识领域，缺少情感和道德的因素，其研究要进一步发展就必须涉及情感、道德乃至技术等因素；另一方面，中国传统的教学智慧焕发新的生命活力需要吸纳新的元素，其对一线教学积极作用的发挥也要求它深入学科层面。

二、“学科教学智慧”研究四阶段

从实践角度看，学科教学智慧研究大致经历了四个不同的阶段。阶段划分着眼于其所面临的问题情境，而所要解决的问题构成了研究的内容。

[1] 王九红.转识成智：基于小学数学教师PCK发展研究[M]. 南京：江苏凤凰教育出版社，2019：5

[2] 廖锡元.PCK——使教学最有效的知识[J]. 教师教育研究，2005（11）：38.

（一）第一阶段：变死揪为活教的教学智慧

出于对知识和考分的追求，填鸭式教学在20世纪末达到了“登峰造极”的程度。教师只在意如何让学生在较短时间内得到更多的知识、更高的考分，于是死揪硬灌的填鸭式教学成为许多教师习以为常的行为。教师死教，学生则死学、学死。2005年，田慧生在《教育研究》上发表《时代呼唤教育智慧及智慧型教师》[1]，文中说了一件事，研究者出了一道数学题——一条船上载了25只羊、19头牛，还有1位船长，问：船长年龄是多少？大多数学生竟然算出了具体结果，只有少数学生对试题的合理性提出怀疑。质疑者中，低年级学生居多，中年级次之，高年级最少。这事在教育界产生了广泛而强烈的震动，大家不禁要问：我们是不是将学生教得越来越笨了？我们的教育究竟缺少了什么？教师素质亟待加强什么？当时，大家给出的答案是一致的：我们需要智慧教育，教师需要教育智慧。智慧教育成为当时教育改革的潮流，我当时在南京市拉萨路小学工作，周荣华校长正在寻求学校发展的第二曲线，将智慧教育作为学校发展的新方向，希望通过这一探索，外树智慧教育形象，内练教育智慧真功。我们申请并获得立项江苏省教育规划课题“小学智慧教育的实践研究”，我是分管教科研工作的副校长，所以课题申报表和研究方案由我执笔。同时，为了解决工学矛盾，我将自己的硕士论文选题定名为“教育智慧的生长——L小学教师校本培训的个案研究”。从个人的角度看，这一阶段是我萌生教学智慧理念和研究念头的时期，主要解决为什么要研究教学智慧的问题。

（二）第二阶段：实现三维目标的教学智慧

2006年暑期，我到江苏教育学院附属小学担任校长，中国第八次课程改革已进入第六个年头。基础教育课程改革要改变课程过于注重知识传授的倾向，强调形成积极主动的学习态度，使获得基础知识与基本技能的过程同时成为学会学习和形成正确价值观的过程。要改变课程内容“难、繁、偏、旧”和过于注重书本知识的现状，加强课程内容与学生生活以及现代社会和科技发展的联系，关注学生的学习兴趣和经验，精选终身学习必备的基础知识和技能。要改变课程实施过于强调接受学习、死记硬背、机械训练的现状，倡导学生主动参与、乐

[1] 田慧生.时代呼唤教育智慧及智慧型教师[J]. 教育研究，2005（2）：50-57.

于探究、勤于动手，培养学生搜集和处理信息的能力、获取新知识的能力、分析和解决问题的能力以及交流与合作的能力。从一线教师的角度而言，新课改行动可以简要地概括为在课堂上提倡“自主、合作和探究的学习方式”，实现“知识与技能、过程与方法、情感态度与价值观”三维目标的达成。

前期的智慧教育理念与研究经验叠加于新课程改革，形成了我的博士论文选题“小学数学教师教学智慧研究”，它也被立项为江苏省教育规划重点课题。这一方面基于我攻读博士学位的研究方向是数学课程与教学论，另一方面由于我深感智慧教育需要教育的智慧，而一线教师最为需要的则是教学智慧，进一步地，学科教师需要学科教学智慧。所以，我们需要对教学智慧、学科教学智慧从理论上进行系统的研究与建构。研究围绕数学教学智慧内涵、表现类型、学科和学段特征、课堂评判标准、教师行为体现、生成机理、发展策略等方面，初步建构教学智慧的理论框架。

从我个人的角度看，这一阶段是教学智慧理论系统建构的时期，主要解决教学智慧是什么的问题。2011年课题结题，我的博士论文通过答辩，《教学智慧：教师专业发展的伦理》等研究成果在《江苏社会科学》等刊物发表，专著《小学数学教学智慧研究》出版。

（三）第三阶段：促进适合发展的教学智慧

《规划纲要》首次明确提出“尊重教育规律和学生身心发展规律，为每个学生提供适合的教育”。2011年，南京市天正小学申请并获得立项江苏省教育规划课题《适合的教育理念下学校童心文化建构的实践研究》。2012年，我到天正小学担任校长，发现“适合的教育”与教学智慧天然契合，进一步地，“适合的教育”将教学智慧研究聚焦于“让不同的人得到不同的发展”。在课程与教学方面，我们经历了前文所述的一系列研究与实践的改革，进入“适合发展”课堂研究与实践的阶段。

首先，我们围绕“适合发展”教学对学生和教师开展问卷调查。调查内容主要从教与学的内容、教与学的方式、教师与教学评价等方面了解师生的观点，为“适合发展”教学体系建构与实施提供依据。其次，构建了“适合发展”教学系统并进行积极实践。“适合发展”教学系统包含学校教学文化、教学研管制度、服务支持技术、适合发展教学和教师教学智慧的建设。其中，适合发展教学是核心构成，其余四个子系统围绕它发挥促进学生适合发展的作用。选取六个要素——教学目标、教学内容、学生学习、教师指导、学生作业、学习评价作为研究重点，探索大班额条件下促进学生适合发展的方式方法，最终形成了适合发展课堂智慧教学的“六因素”操作要领：教学目标顶天立地、教学内容丰富饱满、学生学习充分自主、教师指导由远及近、课堂作业弹性选择、学习评价立足进步。再次，开展了指向“学科育人”的课堂教学评价研究，研制出《“适合发展”课堂智慧教学评价表》，以“学科育人价值体现”“教学活动创意设计”“教学现场机智互动”“课堂文化氛围建设”为一级指标，构建了12个二级指标和24个三级指标体系。

这一阶段的教学智慧研究是理论在实践中发展，将数学教学智慧研究成果向其他学科推广；依托教材内容开展语文、数学、英语和科学等学科教学内容的拓展，有机整合校本课程，适当跨学科融合；分别形成了“语文单元整体教学”智慧、“部落英语”教学智慧、美术“玩中学”智慧等，成果《适合发展：学科教学智慧的时代意蕴》出版。

（四）第四阶段：落实学科育人的教学智慧

我国一直实行分学科教学，学科教学是一线教师最主要的工作内容和方式，可以将他们称为学科教师。学科教师要提高学生学科成绩，让学生获得学科素养，但更要落实学科育人这一根本任务。落实学科育人根本任务不仅需要教师发展良好的教学知识与能力，还需要教师有积极的情感和正确的价值观念。教师学科教学智慧是其知、情、意三方面发展达到理性自明、意志自主和情感自得状态的产物，所以，它可以胜任学科育人这一根本任务。学科教学智慧是学科教师实现学科育人根本任务最需要的专业素养。舍此，教学知识、教学能力、教师情感、教师道德等单一的概念难以与学科育人契合对应。

从当前实际情况看，天正小学落实学科育人的教学智慧研究还处于起始阶段，各学科发展还不平衡。其中，小学数学学科的研究取得了一定的成效，2020年“适合发展：小学数学智慧教学18年实践”获得了江苏省教学成果（基础教育类）特等奖。小学数学学科的研究已经从促进学生数学发展走向数学学科育人，具体表现在数学知识“三化”育人范式的构建上。

数学学科育人的根本在于数学学科知识具有的育人价值，其关键在于教师对数学学科知识的加工转化。我们从三种视角对数学形态进行转化，即教学内容文化化——开发数学文化课，以数学文化育人；学习活动儿童化——开展多种数学活动，让学生乐学、学活；教材内容丰富化——开掘课堂教学内容，满足学生适合发展需要。数学知识“三化”范式将学生置于数学教育的立体环境中，从而落实数学学科育人的根本任务（见图2–1）。

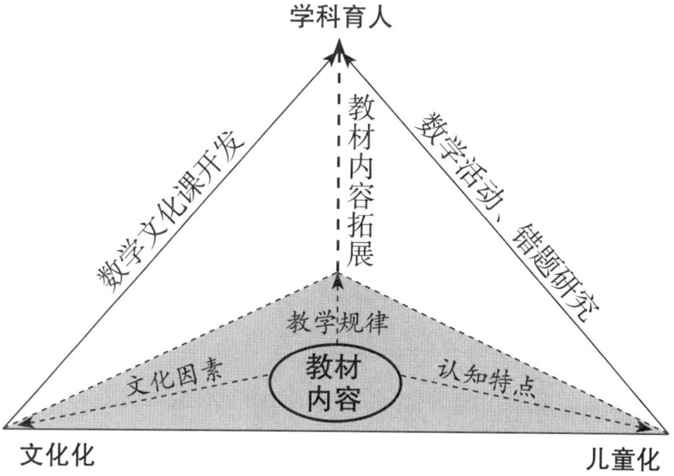

图2–1　数学“三化”育人模型

综上所述，学科教学智慧的研究是一个不断发展的过程：从概念的提出，到理论的建构，再到实践的发展。其成果逐步显现，影响逐步扩大。天正小学教师专业发展成效显著，被评为首批江苏省教师发展示范基地校，小学数学组、美术组、语文组和体育组先后荣获市区“优秀教研组”称号。由我领衔的省、市、区三级数学名师工作室，多名成员成长为国家“万人计划”教学名师、“333”高层次人才培养对象、苏教名家、正高级教师、特级教师等。我著有专著4部，其中《小学数学教学智慧研究》被选入《2016年全国中小学图书馆（室）推荐书目》；发表文章100余篇，其中核心期刊文章30余篇，人大资料复印转载20余篇。研究团队教师在省、市、区开设公开课500余节，讲座400余次。研究成果《适合发展——大班额条件下教学智慧的意蕴》先后在第十四届国际数学教育大会、江苏省第三届数学学会数学教育专委会年会和南京市数学会年会上进行报告。世界著名数学家丘成桐先生也来我校做报告，和师生对话并题词。

第三节　指向“适合育人”的学科教学智慧

我们可以将促进学生适合发展和学科育人两个任务合并起来，用“适合育人”来指称，它就是当下我们学科教学智慧研究的新目标。指向“适合育人”的学科教学智慧研究不仅意味着要归纳总结出许多技术性的行动方式方法，更需要在文化、价值层面做出一些原则性内容的探讨，其推进应该是既有研究成果的推陈出新、丰富完善。

一、建设“正”文化

老子曰：“太上，不知有之；其次，亲而誉之；其次，畏之；其次，侮之。”“适合育人”教学智慧的最高境界不是教师的实际操作，而是要在整个学校形成一种人不知有却实实在在发挥作用的东西——文化。文化具有弥散性、潜隐性，学校中的每一个人都身处其中，可能大家的一思一念、一言一行都受到其影响而不觉。

教学智慧要以“不知所知”的方式实现“适合育人”目标，需要建设一种独特而有效的文化。这是一种什么样的文化呢？我以为是一种“正”文化。

天道酬“正”，我们可以从一棵树的生长受到启发。一棵树要生长成为大树需要阳光、雨水和土壤等条件，然而这些还不够，它还需要长得正。如果长歪了，阳光越灿烂，雨水越充沛，土壤越肥沃……它倒下得就越快。相反地，只要它长得正，即使阳光、雨水、土壤等条件不甚优越，但它可以慢慢成长。甚至这些不利因素能成为它今后长成参天大树的推动因素：因为缺少阳光，它就会极力向上争取每一丝光亮；因为缺少雨水，它就会努力向下扎根去汲取深处的水分；因为土壤贫瘠，它就会四处生根吸收每一分养料。一旦它攀越至其他树木之巅，钻进深层土壤，伸出众多须根，那它就可以具有比一般树木更多的资源与条件，它就会长得更为高大。自然界千百万年的生物进化，已将这种“正”的品性融入整个生态系统之中。社会生态中的人也是如此，每一个人的精神DNA都被刻入“正”的品性。我们称不好的东西为邪恶，看到邪恶的东西就不舒服，就产生深恶痛绝的感觉，做出回避和消灭它的行动。既然天道酬“正”，“正”就应该成为“适合育人”的价值取向，建设“正”的文化就是一种必然的育人行为方式。

“正”的价值取向是促进人的发展，其内容和表现定然是经过历史的筛选与积淀传承下来的优秀文化，同时它又指向着我们美好的理想追求。它是中华民族优秀的文化传统，符合社会主义核心价值观念。具体而言，就是将“爱国、敬业、诚信、友善”作为自己奉行的基本道德规范，将“富强、民主、文明、和谐”作为自己建设祖国的目标，将“自由、平等、公正、法治”作为自己对美好社会的追求。

蓬生麻中，不扶而直。“正”文化建设实质是一种教学的智慧行为，需要积极地开展行动。首先教师要秉持人性本正的理念，即在自己进行教育思想和行为的时候牢记学生都是“正”人，从正面的、积极的、善良的角度去看待学生行为（特别是所犯错误），揣测行为背后的原因。不如此，我们就会从负面角度看问题，做出“有罪”推论。大家熟知的陶行知“四颗糖”的故事对此做了生动的诠释。通常情况下，学生用泥块砸人，对其进行批评教育是再自然不过的事了。然而陶行知先生却反弹琵琶，给予四颗糖进行“奖励”，从而让犯错学生深刻认识错误，心服口服，决心向善。[1]他为什么会这样处理？原因就在于他秉持“千教万教教人求真，千学万学学做真人”的教育信念。

其次教师要激发学生的正能量，细心观察学生的言行，将学生取得的成绩和美好的品性提取出来，让学生自我认识，产生自豪感和荣誉感，从而形成继续努力的动力。对不良行为要坚持正面引导的原则。多说服教育，鼓励自我纠错；少用、慎用惩戒手段。榜样的力量是无穷的，人都有见贤思齐之心。所以，要充分发挥榜样的作用，要善于在学生群体中挖掘优秀的人和事，开展学习先进活动，让学生身边的榜样激励和引领大家。孟子曰：“人皆可以为尧舜。”只要我们激发每一位学生的进取之心，“适合育人”的目标就能达成，而这也是教学智慧追求的“太上”之境。

---

[1] 姚卫伟.师道[M].南京：江苏凤凰教育出版社，2019：97.

二、秉持系统论

人皆可以为尧舜，不是人人已成圣。学生努力做最好的自己，这是“适合育人”教学智慧追求。从群体上看，学生天赋有差异，所处的环境有不同，学业水平有高低。从个体上看，每个人知、情、意发展不平衡。但是，不同的学生同处于一个课堂，知、情、意共生于同一个学生。所以，系统思考，充分发挥各因素之间积极的相互作用，这是教学智慧应有之义。

首先，对待学生群体，要兼顾多种学习需要，发挥各学业水平学生的相互促进作用。教学智慧的价值在于人人都发展，不同的人得到不同的发展。就此，我们可以用“顶天”和“立地”来简单地指称发展的上下两极。“顶天”就是让优秀的学生上不封顶地发展，“立地”就是让待发展生达到国家课程标准的要求。当前有两种流行的做法：一种是“抓中间带两头”，一种是主张“一个都不能少”。前者往往导致两头在“陪公子读书”，后者实质是“保底”为要，两种做法的共同之处就是“攻其一点，不及其余”。突出重点，各个击破，不失为一种有效的教学方式，但从教学智慧的层面来说，层次还低了些。其实，“顶天”和“立地”可以同时兼顾，相互促进。苏霍姆林斯基“第二套大纲”观点认为，不要让任何一个儿童在低于他的才能的水平上学习；每一个学生在学习中都应达到他力所能及的成就；要防止待发展生落后的现象，就必须让天赋高、有才能的学生在他们力所能及的那些学科上和创造性活动领域里超越大纲的界限；如果班上有几个学生在研究大纲以外的材料，那么班上就永远不会出现考不及格的学生。[1]

其次，对待学生个体，要扬长补短，不能扬长避短。人少有全才，扬长避短不失为一种有效人生策略。然而对于小学生而言，其短未必是真短，可能是成熟度不够，还没“开窍”。所以我们不能避短，而应尽力补短，即使补短无效也要坚持，因为所做的很可能是在为质变做量的准备。

秉持系统论，扬长补短不是说扬长和补短是两件事，而是一件事：扬长可以促“短”发展，补短可以让“长”更长。比如，面对一个“四肢发达、头脑

---

[1] 苏霍姆林斯基. 给教师的建议 [M]. 杜殿坤，编译. 北京：教育科学出版社，1984：280-281.

简单”的学生，我们可以让其充分展示其体育优势，让其在班级“社会”里得到足够的尊重，从而建立足够的自信心，过上幸福的学校生活。同时，体育上的学习成功所获得的经验可以迁移到别的方面，心灵手巧说的就是身心一体。

第三章

学科教学智慧理论概述

如前所述，学科教学智慧研究经历了20年的历程，其核心概念、理论体系和实践行为都随教学改革的大潮而与时俱进。如果概而言之，专著《小学数学教学智慧研究》和《转识成智：基于小学数学教师PCK发展研究》代表了两个递进阶段的研究成果。两书分别出版于2012年和2019年，前一本书主要提出了学科教学智慧概念并建构出理论框架，后一本书则标志着学科教学智慧理论研究转向了学科智慧教学的实践。本章继续努力呈现一些新的面貌，这主要体现在将学科教学智慧理论从数学学科推广至更多学科，将其解说得更为通俗易懂，便于各科教师了解和理解。

第一节　学科教学智慧概念界定

一、教学内容的适学化加工

（一）一个类比启示

教师教学和厨师做菜有许多共通之处，将两者类比，我们也许可得到某些启发。

厨师做菜给客人吃先要有食材，教师教学生学习知识先要有教材（无论从中国古代教学传统还是从当前教学实际看，教师们大多数情况下都离不开教材。当下很多教师已经从“教教材”走向“用教材教”，有些人在有些时候还自编教学内容）。厨师对食材的加工要根据食客的胃口，这叫看人下菜碟；教师加工教材要根据学生的情况，这叫因材施教。好厨艺可以让食客吃得满意——享受美味，获得营养；好教学可以让学生学得满意——适合学习，得到发展。厨艺的核心是厨师根据食客需要加工食材的能力，而教学的核心是教师根据学生加工教材的智慧。

当然，一切比喻都有缺陷，因为教学目标和行为的复杂度远高于做菜。一般情况下，厨师做出的菜端上桌就完事了（也有一些情况是菜上桌需要继续加工，例如吃火锅，食客就可以自己下菜、调酱料。还有一些简单的再加工，例如几乎所有面店都提供调料，北方的蒜头南方的醋，辣椒油则是南北都有），教师的工作则要继续进行，甚至接着做的工作更为重要。教师接着做的工作就是将前期加工出来的教案付诸实施，如果适合学生就按既定方针办，如果不适合则要及时进行调适。表面上看，备课和上课行为迥异，但实质上是一脉相承。备课是根据预设的学情加工教学内容，上课是根据学生实际进行调适。这种调适是对既有的加工结果和方式进行变化，寻找并实施更为合适的加工方式。从本质上看，两种活动都是教学，良好的结果都需要教学的智慧。

将厨师做菜与教师教学进行类比后，我们可以发现两者的共通之处，进而让我们提取出教师教学行为的核心，即对学生所学内容的适学化加工。这种适学化加工能力不是一种简单的技能，因为教师所要加工的内容是不断变化的。更关键的是，要在同一个课堂上满足几十名学业水平、个性特征和学习状态等方面都存在差异的学生的学习需要，达成让这些学生在知识、情感和价值方面得到发展的教学目标，既需要课前加工预设精准，又需要教学现场随机应变。采取的行动不仅要恰当，还要正当，关键是行动的结果还必须良好。显然，教师这种适学化加工素养不是用教学知识、教学技能、教学经验这类词所能恰切表达的，它只能用教学智慧来指称。

（二）“教学”词义分析

从教师的角度，我们将“教学”理解为“对教学内容进行适学化加工”，这种理解可以从《教育大辞典》对教学的定义找到依据：教学是以课程内容为中介的师生双方教和学的共同活动。[1]这一定义揭示了教学活动不只是教师做，同时学生也在做。两者的活动之间存在一种互动关系，即教师教的活动围绕学生学的活动进行，目的是让学生学习活动开展得更好。

从教师教的活动整体看，首先要进行备课，即要设计出上课的预案（教案），教案编写的前提是有教学内容。从我国当前教育实际情况看，教师都是根据教育管理部门指定的教材进行备课的。每节课的具体内容确定了，教师据此分析其具有的“营养”——对学生的发展价值，再根据学生的学业水平和认知能力等学情因素，设定教学目标，选择教学方法，安排教学流程。

教师教的活动的第二步就是上课，即将教学预案付诸实施，这是教师和学生互动的过程。此时，学生是中心，教师根据学生学习的实际情况对预设的行为进行调整，目的是适合学生的学习，让学生学得更好。

备课与上课这两个行为形二而实一，两者的实质都是对知识内容进行加工，根本目的都是适合学生，让学生学得更好。

（三）PCK理论的支持

将“教学”理解为“对学习内容进行适学化加工”，这一观点与PCK理论相契合。舒尔曼认为，PCK是教师学科知识和一般教学知识的融合，包括两大类知识：一是最有效的学科知识表征方式。这可以通过恰当的类比、说明、范

[1] 顾明远.教育大辞典[S].上海：上海教育出版社，1990：178.

例、解释和演示的途径来实现。二是对学生理解的知识。包括理解所学知识对于学生的难易程度，了解学生对概念、前概念的掌握状况，知道学生疑惑和误解之处，这些应当被看作教学的必要前提。1987年他又进一步指出，PCK是“将学科知识与教育学知识结合起来，形成新的综合理解，知道如何根据学习者的不同兴趣和能力将特定主题、问题和事件组织起来，以教学的方式加以呈现。”概而言之，PCK核心是教师基于对学生的理解而对学科知识进行加工转化——适学表征的知识。

PCK形成于教师的教学实践中，通过教学实践表现出来，从一定程度上可以说，其形成过程就是教师的教学过程。舒尔曼将学科知识转化的过程分成五个阶段：[1]

第一，准备阶段（preparation）。准备指的是教师按照自身对学科内容的理解，检查和评判性地解释教材，具体包括：发现和纠正教材中忽略的错误；重组教材内容，使得教学的内容更适合课堂的教学，以及学生的学习；同时，教师还应当制订恰当的教学目标，尽可能地阅读与之相关的教学参考资料，充分利用课程大纲，了解所教内容在课程中的地位和作用。

第二，表征阶段（representation）。表征的过程是指教师利用各种表征的方式，把教材和课堂的重要思想呈现给学生。比如，利用哪些类比和隐喻、例子和示范才能促进学生的理解，达到教学的目的。舒尔曼认为表征的阶段是教师形成学科教学知识的重要阶段。事实上，许多认知心理学家都十分重视表征对学习的关键作用。加德纳就曾指出，认知心理的主要贡献在于清楚地表明了表征的重要意义，认知现象的解释必然依赖于从直观感知到情节理解的各种表征方式。

第三，教学选择阶段（instruction selection）。教学选择指的是教师在前两个阶段的基础上，选择恰当的教学方法。教学的方法可以是多样性的，不仅包括传统的方法，比如，教师的讲授或示范，学生的背诵或练习，还包括一些改革的方法，比如，合作学习、师生互动、苏格拉底式的对话、发现学习等。

第四，适应阶段（adaptation）。适应是指表征的内容应该符合学生的特

[1] 黄兴丰，马云鹏.学科教学知识的肇始、纷争与发展[J].外国教育研究，2011（11）：38.

征。学生的能力、性别、言语、文化、动机以及已有的知识和技能都会影响他们对表征方式的理解。学生的概念、误解、期望、困难、策略等也会影响他们的方法和理解。这些因素教师应当给予充分考虑。

第五，调整阶段（tailoring）。适应指向的是一般学生的特点，而调整指的是教师还应该考虑学生的具体学习特征。舒尔曼用定做服装来比喻适应和调整这两个阶段的区别和联系。他说适应就像是设计好了款式、颜色和大小的服装，可以作为成品展示；而调整就好比服装还要根据顾客的个人特点，在细节上做必要的改动，这样才能达到最好的效果。

二、“学科教学智慧”概念界定

从实践角度看，教师在学科教学中会形成自己独特的教学智慧，这种教学智慧因学科不同会形成不同的特征。例如，语文教学智慧、数学教学智慧、体育教学智慧等，这些具体学科的教学智慧我们可以统称为学科教学智慧。学科教学智慧作为教学智慧的下位概念必然具有一般教学智慧的共性，又具有自己的个性。所以，我们对其概念进行界定可以采用“属概念+种差”的方式，即“学科教学智慧”是“学科”的“教学智慧”。

（一）“教学智慧”概念分析

分析“教学智慧”一词，也可采用“属概念+种差”的方式，即“教学智慧”是“教学”的“智慧”。综合各种辞书，“智慧”一词主要有三个含义：迅速地正确认识、判断和发明、创造的能力；聪明；超越一般认识，把握真理的能力。人们在运用“智慧”一词的时候，往往取其某一义项或兼而有之。统而言之，“智慧”一词表明一个人面临一具体情境时，能够采用正确而灵活的方法，及时而迅捷地解决问题，实现优良效果的能力。

“教学智慧”是关于教学的智慧，可笼统地理解为教师在教学中能够采用正确而灵活的教学方法，及时而迅捷地解决所面临的问题，将教学引向一个更为良好局面的能力。它作为学术名词，目前学界没有统一的界定，大多认为是一种高层次综合能力。[1]例如，杜萍和田慧生认为，教学智慧是教师个体在

[1] 王九红.小学数学教学智慧研究[M].南京：江苏教育出版社，2012：11.

教学实践中，依据自身对教学现象和教学理论的感悟，深刻洞察并敏锐机智、高效便捷地应对教学情境而生成融通共生、自由和美的境界的一种综合能力，这种能力包含了多种具体教学能力的综合运用，是教师有关教学活动的感知、思维、创新、实践等多种能力整合后的高水平的系统能力。[1]

教学智慧作为一种高层次的综合性的能力，在构成上涵盖了教师的知、情、意、行四个方面，在层次上追求“从心所欲不逾矩”的境界。当教师面临某一具体问题情境时，达到理性自明、意志自主和情感自得的状态时，教学智慧就会顿悟生成（见图3–1）。

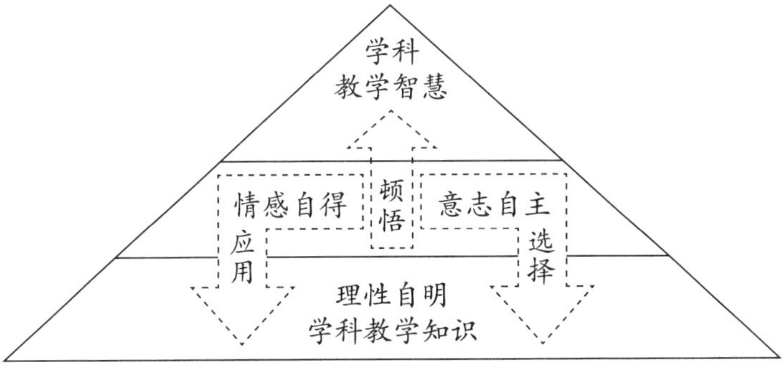

图3–1 教学智慧的顿悟生成

（二）“学科教学智慧”概念界定

“学科教学智慧”是“教学智慧”研究深入学科层面产生的概念，是教师在学科教学中形成和表现出来的教学智慧。如上所述，当前教师的教学基本上是学科知识的教学，无论是备课还是上课，其行为的核心是“对教学内容进行适学化加工”。基于学科知识加工的教学理解，结合上述“教学智慧”概念的分析，我们对“学科教学智慧”做如下界定：

学科教学智慧就是教师对学生所要学习的学科知识进行适学化加工，促进学科育人目标达成的能力。

“学科教学智慧”是一种高层次的综合性的能力。高层次性体现在两个方面：首先是学科育人的目标。学科教学智慧追求的不仅是让学生获得丰富的学科知识，还要让学生通过学科知识的学习获得学科素养。再进一步地，要通过

［1］ 杜萍，田慧生．论教学智慧的内涵、特征与生成要素 [J]. 教育研究，2007（6）：26.

学科知识的教与学活动落实“学科育人”的根本任务。让学生德智体美劳全面发展，成为社会主义建设者和接班人。其次是适合的育人方式方法。智慧若水，逢方则方，遇圆则圆。富有学科教学智慧的老师能因材施教，让不同的人得到不同的发展，可以见景生情、随机应变，可以转危为安，也可以将教学引向更为美好的状态。教师的所有行为既契合教育教学规律，又不墨守成规，充满浪漫的创意。

“学科教学智慧”能力的综合性也可以从两个方面来理解：一是它由众多的简单能力构成，二是众多的能力统整于“学科知识适学化加工能力”。这些能力首先是教师理解教学内容的能力，这是教学内容适学化加工的前提。教师要了解该内容在整个教材内容体系中所处的位置，与哪些知识内容相联系；这一内容从哪里来、如何展开、去往何处，学习它对学生的发展具有哪些营养。其次是了解学生的能力，这是教学内容适学化加工的另一个前提。教师不仅要能够了解班级学生整体的学业水平、认知特点、学习心态等，还要了解班级学生的个性特征，他们分别处于何种学习状态，分别需要哪些帮助。最后还要具有运用教学技术的本领，这是条件性能力。三种能力中前两个是基本能力，后一个是工具性能力，它们都为适学化加工能力服务。

教学内容的适学化加工能力是学科教学智慧的核心能力，其自身又可分为教学设计能力和现场执教能力。教学设计能力包括教学目标设计、教学方法设计、教学流程设计、作业设计和教学评价设计等。现场执教能力总体分为教学组织能力、教案执行能力、随机应变能力等，从教学机智的角度又可分为提问能力、接话能力、启发指导能力等。

教学内容的适学化加工能力的关键在于教师对知识内容表征方式和教学方法的选择。因为小学生正处于以具体形象思维为主向以抽象逻辑思维为主的过渡阶段，相应地，教师在知识内容表征方式上主要遵循动作表征→图像表征→文字符号表征的顺序和方式。

在教学方法的选择上，首先要有趣多样。小学生注意力集中时间短，教师要善于采用有趣的方法，例如讲故事、做游戏、唱歌谣、表演、竞赛等。其次要重视学生多感官参与。这样可以有多重信息输入，强化记忆，有助于分析，加深理解。例如，低年级学生朗读时要求他们坐端正或站直了，双手捧书，声音响亮，口型、动作和表情稍微夸张。这样可以让学生的口腔肌肉运动记忆深刻，情感融入。最后要强调学生的自主性。即要多采用自学尝试、合作讨论、探究发现、师生互动对话等方式。

总之，学科教学智慧作为一种能力，不是某种简单的能力，而是一种高级的综合性能力。它是教师整合了知识、情感和价值观等多种因素之后，融通而成的一种实践智慧，是为了实现正当的目的而实施恰当行为的能力。恰当是指教师所做的行为是在特定情境问题解决中最适合的做法，能取得最佳的教学效果。正当是指教师行为在价值判断上是符合道德规范、于学生作为人的发展有积极作用的。这种行为既是基于特定的教学情境产生的创新之举，同时也契合既有的学科教学理论和实践的普遍规律。

第二节　学科教学智慧表现类型

一、学科教学智慧表现类型

教学的过程可视为教学内容的知识形态一系列变化的过程。从教师教学工作的实际情况看，教师对教学内容适学化加工的行为可以分为两个相继进行的阶段：教学设计阶段和现场执教阶段。相应地，学科教学智慧表现为两种不同的形式——教学设计智谋和教学调适机智（见图3–2）。

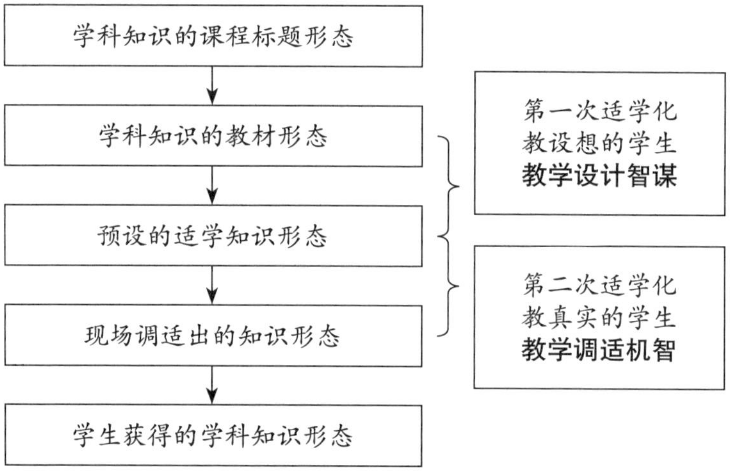

图3–2　学科教学智慧的两种形式

第一次适学化加工是教师面对设想的学生进行“教学”的过程，体现为一种设计智谋。这一过程中，教师依据自己对学生了解的情况进行一系列的教学预设活动：设定教学目标、营造教学情境、选择教学方法、使用教学媒体、安排教学流程、布置学生作业……这些行为都围绕着知识内容转化这个中心，目的是将教材形态的知识内容转化为适合学生学习的形态。设计智谋静态地表现在教案、课件、学习单、教具、学具、教室场景、作业之中，通过教师的讲解提问、课件播放、教具演示、作业安排，学生的思考、合作、交流、学具操作、作业解答等动态方式来落实。

第二次适学化加工是教师面对着真实的学生进行教学活动。前一阶段所做的设计无论如何周密，都难以穷尽真实教学时出现的情况。当教师设计出的知识形态不能很好地适合学生学习时，教师必须进行及时而恰当的调整。教学智慧此时表现为一种教学现场的调适机智，较之于设计智谋，它更突显了教学智慧的即兴性。

教师的设计智谋指向教学实际并通过实际教学得到检验，调适机智产生于教学实际情境，行为是一种即兴之作，良好的实际效果是其评判的标准。

二、教学设计智谋

（一）立足点：把握学科知识的本质

如同不同的食材具有不同的营养一样，不同学科知识也具有各自独特的育人价值。“读史使人明智，读诗使人灵秀，数学使人周密，科学使人深刻，伦理学使人庄重，逻辑修辞之学使人善辩：凡有所学，皆成性格。”培根《论读书》中的这段话清楚地表明了这一点。

教学设计的目的就是要充分发挥和开掘学科知识的育人价值。要实现这一目的，教师要能透过各种学科知识的外表，看到其内在的知识本质和所蕴藏的学科核心素养。

学科知识的育人价值体现为三个维度——工具性价值、方法性价值和精神性价值，这源于学科知识的层次性。学科知识具有三个层次：外显层是数字、文字、术语、图表、线条等；中间层由思维方式、方法和过程构成，它潜藏在知识表层背后，是可以通过分析、判断、推理而呈现和展示出来的一组程序和法则；内隐层由情感、态度与价值观构成，是人们在知识探索过程中积淀的各种价值体验与隐蔽形式，这是所有知识的共性。可见，学科知识三个层次的“营养”构成了育人三个维度的价值。

新的学科知识，其育人价值一般不可能直接实现于学生，而是需要课程与教学两个中介环节的转化。课程环节就是从知识育人的目的出发，对学科知识进行合理选择、整体规划，进而去设定目标、组织内容、优化结构、编排进程、考核评价等。就课程目标而言，它是学科知识育人价值的具体化，其中，“知识与技能”体现工具性价值，“过程与方法”体现方法性价值，“情感、态度和价值观”体现精神性价值。就此而言，我们可以将课程行为及其目的概括为课程育人。

教学环节是对编制好的课程进行教学实施，具体又包含教学设计（备课）和现场教学（上课）两个相继进行的环节。教学实施是学科知识育人价值得以实现的最后环节，是教师与学生借助知识内容进行互动生成意义的过程。学科知识的育人价值通过教师一节节课的教学，循序渐进地转化为学生的素养。就此，我们可以将其概括为教学育人。

（二）关键点：教学内容适学化加工

厨师对食材的加工，下限是营养不流失，更不能破坏营养，有害健康；上限是做出的饭菜美味可口，增加营养。厨师会对不同的食材采用不同的方式，进一步地，高明的厨师在加工同一种食材时也会根据具体的情况而采用更为适合的方法。煎大鱼可以大力翻动，烹小鲜则要轻轻地进行。烹调方式既要努力保持食材具有的营养，又要美味可口。可以说，厨师加工食材的方式是厨艺的核心。同样道理，教师对教学内容的适学化加工方式是教师设计智谋的关键。

教师对教学内容的适学化加工行为主要是教师根据学生具体的学习状况，对教材形态的知识内容进行适学化加工。借鉴烹调食物美味可口、富有营养的标准，教师对教学内容的加工可以分为四种策略：趣味化、形象化、变式化和丰富化。前者关注学生学习的情感因素，目的是让学生想学习、学得有兴趣。后三者关注学生的认知因素，目的是适合学生学习，让他们学得懂、学得活、学得深。

1. 趣味化

人都喜欢有趣的事物，小学生尤其如此。学习活动如果很有趣，那么他们就会积极主动地进行。然而小学生的课程安排是有挑战性的，其学习活动会遇到许多困难。特别是那些抽象程度较高、思维性较强的学科，会使学习者产生心理恐惧，从而产生厌学、逃学的情绪。所以，让学习活动趣味化是小学教师首要的任务，它是教师教学智慧最重要的表现。下面以知识抽象性强、逻辑性严密的数学学科为例加以阐述。

学生对数学学习的兴趣可以分为外在兴趣和内在兴趣。外在兴趣是指由学习内容及其活动的“包装”引起的兴趣，可以通过创设学习情境来进行。具体有以下一些方式：

联系生活。由于小学生的数学学习刚起步，数学知识储备处于“零”状态。所以，我们需要充分利用其“前数学知识”，将生活中相关经验作为学习的铺垫。例如，学习“角”时就要引入生活中各种相关事物，剪刀、钟表指针、桌角等，从中抽取出数学中角的特征。

学习好玩。数学家陈省身为少年儿童题词“数学好玩”，这是一位数学大师亲身体验到数学神奇之后发自内心的惊叹。但是对于小学生而言，数学好玩的认识来自他数学学习中的感受。让学生感受到数学好玩，是教师必须完成的任务。例如，学习“数对”时，教师安排了寻宝活动，宝物就在“数对”里，学习“数对”真好玩。

制造疑惑。小学生的好奇心很强烈，教师要向魔术师学习，将原本平淡的数学知识魔术化为令人惊奇、困惑的事物。例如，在教学“3的倍数”时，教师可以让学生任意说一个数，不用竖式计算，不用计算器，教师总是能一下子说出是或不是3的倍数，而且学生进行检验都是对的。这很令学生疑惑：老师是怎么做到的呢？学生从而产生探寻奥秘的兴趣。

开展竞赛。好胜心强也是小学生的心理特点，我们可以将学习任务通过竞赛的方式来完成。许多低年级任课老师都喜欢采用“闯关”“夺旗”“开火车”等竞赛形式，让学生学习处于情绪兴奋的状态。

内在兴趣是指学生在学习过程中，真切感受到了知识的美妙，通过克服一个个困难，感受到学习成功的体验，从而产生自信与幸福感。显然，内在兴趣是由于学习活动的精彩过程及其良好结果所形成的，不是仅靠教师对知识的外在“包装”和学习活动的“添油加醋”就能实现的。

2. 形象化

形象化加工的目的主要是解决教学内容的抽象性和逻辑的严密性所带来的学习困难，思维导图、“让思维看得见”、可视化学习等策略和做法就是其表现。形象化存在一个程度问题，我们可以借助布鲁纳的认知表征理论来阐述这一问题。

布鲁纳认为人认知表征的发展经历了三个阶段，即动作性表征阶段、映象性表征阶段以及符号性表征阶段。动作性表征阶段：幼儿通过动作来了解这个世界，幼儿通过爬、行走等身体动作影响周围环境由此形成表征和再现表征的途径和手段。映象性表征阶段：儿童通过形成图像或表象去展现所发生的事物。他们记住过去已经发生的事情，想象未来要发生的事。心理表象帮助他们脱离具体的事物来进行心理运算，意味着认知由具体到抽象的开始。符号性表征阶段：儿童可以通过符号尤其是语言符号来再现他们的世界。符号具有抽象性、间接性，通过它可以进行抽象思维。

概括地说，小学教学形象化加工就是遵循“动作性表征→映象性表征→符号性表征”的过程，其实质是学生思维的抽象度不断提高。动作性表征就是让学生通过身体运动、角色表演、操作学具、进行实验等方式直接感知知识，体验过程。映象性表征就是让学生通过运用事物图片，画图（包括示意图、线段图、关系图等）等方式表现事物、关系及其变化，开展思维活动。符号性表征就是让学生利用各种符号和语言文字进行表达和开展思维活动。就某一知识的学习来说，我们要在遵循逐步抽象原则的基础上灵活运用各种具体的表征方式。以教学《4的乘法口诀》为例：

第一步，图片表征

车厢的节数	1	2	3	4
人　数	4	8	12	

第二步，表格表征

1个4	1×4＝4	一四得四
2个4相加	2×4＝8	二四得八
3个4相加	3×4＝12	三四十二
4个4相加	4×4＝□	四四（　）
第三步，文字表征	第四步，算式表征	第五步，口诀表征

图3-3　“4的乘法口诀”的几种表征方式

3. 变式化

变式指通过变换同类事物的非本质特征的表现形式，变更观察事物的角度和方法，突出事物的本质特征，突出那些隐蔽的本质要素，让学生在变式中思考，从而掌握事物的本质和规律，对事物认识得更加全面、更加系统、更加深刻。我们经常使用的举例子、打比方、说故事等都可视为这种策略。

从“简单—复杂”的维度看，变式化可以分为“简化”“平行”和“复杂化”三种情况。“简化”是指减少知识对象的属性成分。“平行”是指在两个数学对象之间保持一定的共同属性的基础上另外的属性发生变化。“复杂化”是指增加知识对象的属性成分。以下面的例子来说明：

【问题1】红花15朵，白花是它的3倍，白花多少朵？

【问题2】红花15朵，白花是它的3倍，两种花共多少朵？

【问题3】红花15朵，是白花的3倍，白花多少朵？

【问题4】红花15朵，是白花的3倍，两种花共多少朵？

在上述四道题中，问题1是问题2的简化变式，问题3是问题1的平行变式，问题4是问题1的复杂化变式。

进一步地，简化变式、平行变式和复杂化变式三种变式中的每一种还表现出不同的具体方式。

4. 丰富化

对于教材内容，教师进行切分、整合、减少、增补、重组、变式等加工方式都是智慧教学应有之义。从“适合发展”教学看，对教材内容进行丰富化则是最主要的方式。因为，“适合”是要满足不同学生的不同“口味”，“发展”则要能达成“立地顶天”的教学目标。所以，“适合发展”的课堂应该是内容丰富饱满的“自助餐厅”。

对教材内容进行丰富化，借用烹调语言有三种方式：一是“添油加醋”，二是“加配菜”，三是“杂烩”。第一种添加的是“作料”，主要为了“味道”好。第二种也要考虑“色、香、味”的需要，更主要的是着眼于营养全面，所以，配的是菜，不是“调料”。例如，如果肉或萝卜单独做菜，不仅味道欠缺，而且营养单一。如果是萝卜烧肉（也可肉烧萝卜），则不仅味美，且营养更全面。第三种则是多种食材的组合，不像“加配菜”有主次之分，彼此互补，共同成就“有营养味道好”，“佛跳墙”即是典型。中国菜广受全世界人民的欢迎就是因为既有原汁原味，又有浓油赤酱；既能单菜独做，又能杂而烩之。这是中国智慧文化的一种体现。

教学亦如烹调需要富有智慧。教师对教材内容加以丰富，就是以教材内容为核心去联系其他知识内容。联系的方式是多样的。最简单的方式是“添油加醋”，即对教材内容进行趣味性的加工，例如讲故事、做游戏、竞赛等。其次是围绕教材增加相关内容，这相当于“加配菜”。例如，在教学梯形面积公式时把三角形面积公式推导的内容增加进来，使学生对“拼”这种数学方法理解得更为深透。第三种方法就是“杂烩”，例如语文学科可以将课文的主题、体裁、作者等进行联系。蔡宁编著的《小学语文大单元教学的理论与实践》所提倡的大单元教学观点实质上就是通过联系的方式将各种相关的语文知识整合成一个较大的单元，从而达成大的教学目标。书中列出了10种单元整合的方法，其实就是语文教学中10种联系的方式与方法。

对教材内容加以丰富的关键是找到其中的联系，各种内容要有内在的逻辑关系。找出各种事物之间的联系是教育家们竭尽全力思考的问题……当学生能够用相互联系的观点看待各种事物的时候，他们的学习生涯就开始了。我建议把发现事物之间的联系当作基础学校课程的首要目标。[1]

教无定法，上述四种策略各有其独特视角，它们只是适学化加工策略中较为重要的部分，相互之间存在着交叉现象。在教学实践中我们需要根据具体情况，灵活运用（见表3–1）。

表3–1 知识内容适学化加工方式

策略类型	具体方式
“趣味化”策略（激发学习积极性视角）	外在兴趣：联系生活、制造疑惑、学习好玩、开展竞赛
	内在兴趣：学习成功、知识有价值
“形象化”策略（抽象度视角）	动作：演示、操作、表演
	图示：图片、示意图、线段图、平面图、立体图
	语言：描述、比喻、举例、歌谣、绘本
	符号：符号、含有字母式子、公式、方程
“变式化”策略（凸显本质视角）	简化：部分呈现、特例
	平行：并列、类比、改变情境
	复杂化：添加、合并、加深

[1] 多琳语，转引自郑毓信．“数学深度教学”十讲之五——思维的深刻性与“联系的观点”[J]. 小学数学教师，2019（12）：30.

（续表）

策略类型	具体方式
“丰富化”策略（味美—营养视角）	“添油加醋”：讲故事、做游戏、竞赛
	“加配菜”：根据主要内容添加次要内容
	“杂烩”：大单元整合课

三、教学调适机智

（一）教学调适机智的理解

1. 机智的理解

现代汉语中，“机智”就是脑筋灵活，能够随机应变。它是一个褒义词，机智行为主体、行为及其结果都是主流价值观认可的。但如果一个品行不端的人通过灵活的方法将事情做成了，我们不会说他机智，而只会说他狡猾。

亚里士多德认为，机智有两个品质：首先，被人称为机智的人是善于灵活转向的，以区别于呆板的人。其次，机智的另一个品质是与人交往时的适度、得体，也就是会考虑别人的感受，以区别于滑稽、粗俗的人。[1]

2. 教学调适机智的界定

现场调适机智是教学机智的一种类型，其独特性在于“调适”。首先是“调”，即已有安排，但是情况突变，需要调整。这要求教师做到有预设，又不照搬预设。其次要“适”，即采用适合的应对方式，其衡量标准是行为结果良好。

“教学机智”概念的界定，目前学界观点还没有统一。顾明远主编的《教育大辞典》认为：教学机智（teaching wit）[2]指教师面临复杂教学情况时所表现的一种敏感、迅速、准确的判断能力。例如在处理事前难以预料、必须特殊对待的问题时，以及对待处于一时激情状态的学生时，教师所表现的能力。

尽管前面加了“敏感、迅速、准确”的限定，后面又加以举例说明，但将

[1] 亚里士多德.尼各马可伦理学[M].北京：商务印书馆，2003：122-123.

[2] 马克斯·范梅南《教学机智：教育智慧的意蕴》中教学机智使用的英文是“teaching tact”。

教学机智视为一种判断能力，这一界定还是存在一些不妥的。首先，在价值观上，没有凸显教学机智的正确性。马克斯·范梅南说：（教学）机智不是一个价值中立的术语，教学机智也受规范性的支配。我们总是想以好的方式对那些我们身负责任的孩子和年轻人采取行动。机智是具有“他者性”的实践，充满机智就是“打动”他人。他依据这种规范性进一步地将教学机智分为七个方面的指向：机智保留了孩子的空间；机智保护那些脆弱的东西；机智防止伤害；机智将破碎的东西变成整体；机智使好的品质得到巩固和加强；机智加强孩子的独特之处；机智促进孩子的学习和个性的成长。[1]

其次，在教师行为及其结果上，没有凸显机智行为的随机应变特征，没有强调行为必须取得良好的效果。只要行动结果失败了，无论其判断多么“敏感、迅速、准确”，都是不能称为教学机智的。

综上所述，我们认为，教学调适机智是教师教学智慧的外显，是教学现场中教师根据实际情况灵活地调整预设方案，采取恰当行动，取得良好教学效果的能力。

这一界定可以从以下几方面理解：

（1）教学机智是教师的一种教学调适能力。首先，它是一种行动能力，即通过教学现场中各种教学行为方式表现出来。例如接话、理答、启发、提问、举例等。其次，是一种调适能力。教师不是“打无准备之仗”，他有预案，但是实际情况让他无法“按既定方针办”，他要随机应变。预案可能有助于他做出正确的判断和行动，也可能束缚住他的思维发散。所以，有预设而又不受限于预设是调适能力的一种表现，潜隐的是教师“教学既是科学又是艺术”的观念。教学机智具体源于教师敏锐的观察力、灵活的思维力和果断的意志力等心理品质；还源于教育学、心理学水平和教学经验技巧的丰富与积累，对学生了解的深度和诚恳、爱护的态度等。[2]

（2）教学机智表现为教师面对复杂教学情境做出的一种恰当的行动。恰当的行动具有合规律性和合目的性的特点，即必须遵循教学的规律——学生认

[1] 马克斯·范梅南.教学机智：教育智慧的意蕴[M].李树英，译.北京：教育科学出版社，2001：14，184，211-226.
[2] 顾明远.教育大辞典（增订合编本）[S].上海：上海教育出版社，1997：716.

知规律、教学原理等，必须落实学科育人根本任务，两者分别体现了教学机智的理智之美和德性之美。

（3）教学机智是即兴的创造行为。教学机智是教师内隐的教学智慧在千变万化的教学活动中应对某种情境问题而临时做出的判断和反应。它契合逻辑而又顿生（压缩了推理过程的迅速产生），它需要知识经验而又超越既有做法。

（二）如何见机

所有真实的生活在于相遇，教学就是无止境的相遇。[1]师生相遇于课堂，尽管有提前的安排和预设的行动方案，但是，课堂是一个复杂的系统，包含人（教师和学生）、知识、物（教具、学具、媒体设备）、时间和空间等多种因素，这些因素相互关联、相互依存、相互作用，其中任何一个因素的变化都会导致其他因素的变化。所以，课堂上的师生相遇必然会出现意料之外的情况，这需要教师及时洞察教学之机然后采取智慧行动。

1. 教学之机

“机智”一词顾名思义是“机”的（地）“智”，所以，对其理解重点在于“机”的字义。

“机”字的意义主要有五个方面：（1）弓弩上发射箭的机关。（2）关键，要点。（3）时机，机会。（4）机灵。（5）通“几”，事情的苗头或预兆。[2]

“几”（jī）繁体字为“幾”，其上部为两个“幺”，为幼小之义；下部是“戍”，防守之义。可见，“几”的一个义项是指微小却有防守的“东西”，即轻易不可得。所以，《周易》曰：“几者，动之微，吉之先见者也。”“知几，其神乎。”

根据以上义项，我们认为，教学之机是教学活动中微小的能够预示教学活动走向的关键性事物。这种关键性微小事物的出现具有偶然性，持续时间具有短暂性，保持状态具有变化性，因而很难发现和把握。当其出现时，教学活动处于一种主要的时间节点上，必须及时抓住才能将教学活动引向一个良好的局面。

[1] 帕克·帕尔默. 教学勇气：漫步教师心灵[M]. 吴国珍，等，译. 上海：华东师范大学出版社，2014：9.
[2] 古汉语常用字字典（修订版）[Z]. 北京：商务印书馆，1993：130.

2. 保持敏感

教学之机是隐微的，以一种不引人注意的方式出现和存在，稍纵即逝，所以需要教师在课堂时刻保持敏感的状态。

对于“机”，教师的心理状态是不同的，大致分为四种情况：随机、待机、寻机和创机。“随机”指教师毫无心理准备的情况下“邂逅”了“机”，于是“一见钟情”，紧抓不放。“待机”指教师心里有“机”的意识，但是并无具体的方向，处于等待状态。“寻机”指教师有“机”的具体需要并积极开展搜寻行动。“创机”指教师寻机不着，转而采取行动创造“机”。“创机”与“设机”不同：“设机”是为了达到某种教学目的而预先设计方案，从而形成“机”；“创机”则是在课堂中进行，通常没有时间去从容设计，必须边设计边行动。两者在行动时间宽裕度和心理紧张度上都不同。“创机”和“寻机”表现了教师积极的态度和主动的行动，“待机”和“随机”显示了教师消极的态度和行为上的被动和等待。从创造机会、寻机出击到待机而动、随机应变，教师由主动变为被动，思想准备性越来越弱。

教师课堂敏感是一种专业的警觉，这种警觉要适度，既不能过于松懈，也不能过于紧张。过于松懈会使教师无视教学之机，白白流失；过于紧张则会使教师意志不能自主而对教学之机视而不见。适度的紧张让教师思想具有一种准备性，一旦教学之机出现就能够迅速判断和评估，从而能够较为从容地进行决策和做出反应。

更进一步地说，教师对教学生成的敏感性可以引发主动教学机智，这与没有教学敏感性而引发的被动机智有根本上的区别。[1] 主动的教学机智指教师“寻机”和“创机”的行为，前者是教师主动捕捉教学之机，后者指教师在寻机不得的情况下积极想办法创造机会。就此而言，教师教学现场的敏感状态已经构成智慧的行动。

（三）如何智行

从某种角度说，教师洞察教学之机已经是开始机智行动了，因为“机”是教师凭借自己的智慧“看”出来的，也许在别人眼里并不是“机”或是别样的

[1] 王卫华. 教学机智论 [D]. 武汉：华中师范大学，2009：88.

“机”。所以这种“看”带有一种建构的因素，这是一种内在“行动”。教师教学现场的调适行动表现为多种方式，其中主要有接好话、善启发、妙应变三种。

1. 接好话

师生之间对话是课堂教学活动主要的内容和方式，教师课堂语言中很大一部分是在“接”学生的话。“接”可以理解为时间上的连续，即教师接着学生话说。还可以进行空间上的形象理解，即教师将学生抛出的话在“落地”之前接住。显然，这是个技术活儿，教师要有精准的判断力、敏捷的反应力才能接得好。从水平上看，教师接话可以分为三级：去接话、接住话和接好话。每上升一层都表明教师教学机智水平的提高。去接话是指教师要有接话的意识，不能一味地按照预设教案走，不管学生事。去接话和接住话是教师的基本素养，是接好话的基础，接好话才称得上教学机智。

2. 善启发

“启发”一词源于孔子《论语·述而》：“不愤不启，不悱不发。举一隅不以三隅反，则不复也。”宋代的朱熹将其解释为：“愤者，心求通而未得之意。悱者，口欲言而未能之貌。启者，谓开其意。发者，谓达其辞。物之有四隅者，举一可知其三。反者，还以相证之义。复，再告也。”“启”“发”两字连成一词，其意为“阐明事例，引起对方联想而有所领悟”。[1]

汉代《礼记·学记》进一步指出：“君子之教，喻也。道而弗牵，强而弗抑，开而弗达。道而弗牵则和，强而弗抑则易，开而弗达则思。和易以思，可谓善喻矣。”

可见，启发式教学是我国历史悠久的教学传统，其中蕴藏的教学思想具有经久不衰的力量，与今天的教学理念深深契合。启发最重要的特质就是发挥学生的学习积极性，让学生自己达到学习的目标。

教师的启发内容涉及学生的学习情感、教学时机和助力方式三个方面，三者相互联系，共同作用于学生的学习。

启发在调动学生学习情感方面有三项任务。在学习开始时，教师要善于创设情境，激趣生疑。在学习过程中要鼓励学生克服困难，最后要让学生获得成

[1] 古汉语常用字字典（修订版）[Z]. 北京：商务印书馆，1993：1200.

功体验。在启发时机的把握上，既要有学生学习情感因素的考量，又要有认知因素的考量，即学生进行了努力思考，但是还没能达到目的，此时心里特别希望能弄明白，这就是愤悱状态。所以，引发愤悱状态，在愤悱状态进行启发，是教师的教学机智所在。

3. 妙应变

要巧妙应变，就要对课堂的变化进行了解。各种变化中，有些是我们意料之中的，或是我们想要的。这种变化我们内心并不恐慌，甚至还会带着某种期盼迎接它的到来。我们所紧张和害怕的是那些出乎我们意料的变化，因为它既可能带来好的局面，也可能产生坏的结果。

教师机智应变的关键在于教师能够洞悉问题或现象后面隐藏的教学实质，同时具有相应的知识储备。教师一旦能够洞悉实质，那么意外事件就有可能变成促进教学的有利因素——教学之机。而教师具有的知识则是其应变的底气，所谓腹有诗书气自华。然后教师或顺势而为、借机而上，锦上添花；或因势利导、随机应变，雪中送炭。请看下面的案例。

【案例】老师，诗写错了

一位老师在教卢纶《塞下曲》（林暗草惊风）时，一个学生突然举手发言。

生：老师，“林暗草惊风”错了，应该是“风惊草”。

（学生们都愣住了）

老师：××同学说得很有道理，确实是风吹过来惊动了草，就是“风惊草”。但是，古诗讲究押韵。调成“草惊风”，这样“风”就可以和后面的“弓”和“中”押韵，读起来就朗朗上口了。

生：为了押韵就可以调换字的顺序吗？“我打你”还能调成“你打我”啊？

（有学生忍不住笑了起来……）

师：请大家安静，他的疑问很有道理，并不是为了押韵就可以随便调换字的顺序。调换字的顺序必须能让人明白意思。语言是大家共同约定的，在语法上这是一个被动结构，这个你们不容易懂。实际上，“草惊风”省略了一个“被”字，是“草被风惊”，现在这种用法还是不少的。

（教师边说边板书。然而大家脸上仍然充满疑惑）

师：前两天天气太热了，我吹吹电风扇。还是热，我又吹空调，结果感冒了。我只好去看医生，医生说不要紧，让我回家晒晒太阳。你们看，这里的“吹风扇”“吹空调”“看医生”和“晒太阳”都是这种省略了“被”字的用法，其实是“被风扇吹”“被空调吹”“让医生看”和“让太阳晒”。这些说法和“草惊风”是一样的，是古汉语用法的流传，大家明白了吧？××同学很了不起，能够自己独立思考，敢于大胆质疑，大家要向他学习。

本案例中，教师巧妙应对，为课堂增添精彩。面对学生质疑，教师从容接话，先肯定学生说得对，然后对调换顺序的原因做了说明。进一步地，教师又列举接近生活的实例，用形象生动的语言清楚解释了汉语被动结构，最后号召大家学习这个学生大胆质疑的精神。教师之所以能够这么完美地应对，一个主要的原因在于拥有扎实的学识，不仅看到突发情况所蕴含的教学契机，还即兴进行了生动的举例说明。如果深究，还有教师对学生的爱和尊重，故而能自始至终地以平和的心态应对，让课堂呈现出民主、求实的学风。

第三节　和合：智慧课堂的文化特征

和合是中华民族先贤在实践中孕育的智慧。“和”指和谐、和平、祥和；“合”指结合、融合、合作。和合连起来讲，指在承认不同事物之矛盾、差异的前提下，把彼此不同的事物统一于一个相互依存的整体中。不同事物在和合的过程中，相互吸取优长而克避其短，达到最佳组合。由此促进新事物的产生，推动事物的发展。

和合对于指向学科育人的智慧课堂而言，既是课堂的文化样态，也是实现这一文化的行动方式。其中，“和”是指教学活动诸因素之间相互依存、和谐共处的状态，“合”则是指各种力量相互配合成最佳组合，产生最大合力。和合就是指将课堂上的各种因素进行合理利用，发挥最大的合力实现学科育人的目标。

和合作为教学智慧的文化特征，主要表现为以下四点：师生关系和谐、教学目标和成、教学方法合适、多力合一。[1]

一、师生关系和谐

教学活动中，教师和学生是最重要的两个因素，他们是整个教学活动的主体，其和谐的关系状态不仅是智慧课堂的文化追求，更是学科育人的需要。

师生间平等民主和同学间亲密友好的关系，有助于营造出一种安全、和谐的课堂氛围。在这种氛围里，学生不用去关心如何去取悦教师，不用去在意同学们对自己的态度，只需把注意力集中在运用材料和观念进行探究和创新上。研究表明，“心理安全”和“心理自由”是创新能力形成的两个重要条件。通常情况下，具有高创造力的人常常具有偏离文化常模的倾向，常常会做出“离经叛道”“荒诞怪异”的行为，如果环境能够给予他们充分的容忍和有力的支持，那么他们就会感到安全和自由，从而更好地发挥自身的创造力。对于学生

[1] 中华和合文化弘扬工程组委会秘书处，中华和合文化弘扬工程组委会成都分组委会.中华和合文化研究及其时代意义 [J]. 社会科学研究，1997（6）：68.

来说也是如此，教师要允许、容忍、理解学生的错误，对学生的学习行为进行延迟评价。教师应把工作重点放在帮助学生弄清为什么错和如何改进上，而不是放在学习结果正确与否的评判上，更不能唯结果是论。

当然，教师在充分尊重学生的同时也要注意另一种极端现象的出现，那就是“跪着教书”。一些教师存在对学生过度奖励、虚假表扬、不当许愿、招安式封官和无原则迁就等问题。[1]吴非说：“要想学生成为站直了的人，教师就不能跪着教书。如果教师没有独立思考的精神，他的学生会是什么样的人？……我们中国首先得有铁骨铮铮的教师，教育的辞书中才能有‘铸造’这样的词条。”[2]

从学生角度而言，建立良好的师生关系一方面要提倡“吾爱吾师，吾更爱真理”的精神，秉持“行止有章，思想无疆”的学风。不唯师，敢于直抒胸臆，大胆质疑；另一方面又要尊师重教，遵守纪律，讲究秩序。对待同学时要真诚相处，团结友爱；学习上见贤思齐，取长补短；相互合作，相互帮助；既不要霸凌弱小，也不要自卑胆怯。

二、教学目标和成

《管子·内业》说：“凡食之道：大充，伤而形不臧；大摄，骨枯而血沍。充摄之间，此谓和成。精之所舍，而知之所生。”这是说吃饭的规律：吃得太多，就伤胃而身体不好；吃得太少，就骨枯而血液停滞。吃得多少适中，才可以感觉舒和，使精气有所寄托，智慧能够生长。

“和成”除了“饮食数量适中，有助于生长”这个义项外，还有“媒人促成婚姻”的义项。将两个义项叠加，我们可用它来描述智慧课堂目标达成的理想样态。

所谓教学目标的和成，简而言之，就是教学目标各部分“和”着“成”了。“和”是指教学目标的各个部分关系能够和，即身心和，知、情、意和，三维目标——知识与技能、过程与方法、情感态度与价值观的和。“和”不是“同”，即教学目标各个部分分量不是一样重，不是一样投入精力，它们有主

[1] 王九红.教师贿赂学生现象的社会学剖析[J].江苏教育，2006（1）：30.
[2] 吴非. 不跪着教书[M].上海：华东师范大学出版社，2004.

次之分，有缓急之别。

“成”就是教学目标达成。目标达成也应是一种“和”的样态，而不是“同”的样态。即不同学生应该达成不同的目标，实现不同的发展。要在所有学生都得到发展的基础上，每个学生得到不同的发展。在每个学生素质全面发展的基础上，致力于素质的个性化发展。这种适合的发展基于学生的个体差异，也是一种适度的发展——既不缺位也不越位。

教学目标“和成”要有根据学生和教学内容具体情况确定目标达成程度的意识。不要一味地追求每一节课都达成最全面、最高标准的目标，要知道“舍”。现在许多教师和一些评课者在目标达成上总是做加法，很少做减法，使课的“头绪”越来越多。现在很多人提倡的大单元教学就是如此，可能每一课目标达成不全面，但整个单元所有课合起来的目标总达成效益会很好。

三、教学方法合适

教学智慧最重要的一个要求就是“教无定法，贵在得法”。世界上不存在唯一的最优教学程序，只能从学习者的具体情况出发，设计与之相称的理想化程序。适合的就是最好的，合适是评判教学方法优劣必须遵循的原则。

遵循合适的原则，首先要因材施教。要根据不同的学生而采取不同的方法。对于小学生而言，其思维发展的基本特点是以具体形象思维为主要形式逐步过渡到以抽象逻辑思维为主要形式，但是这种抽象逻辑思维在很大程度上仍然与感性经验相联系，仍然具有很大成分的具体形象性。所以，教学方法上要多借助教具、学具、图像、声音等感性材料，多采用观察、操作、演示、表演、游戏等动态教学方式，帮助学生建立表象，为思维活动提供支持。所以小学的课堂上动得比较多：动眼看、动耳听、动手做、动口说、动脚走、动脑想、动心感受，合作、交流、讨论、辩论、争论……当然，其中的动脑和动心是最重要的，这有助于学生智力和情感的发展。

遵循合适的原则，其次要因“材”施教。要根据不同的学习内容采取不同的方法，不同学科知识应采取不同的学习方式。例如，弗赖登塔尔就反复强调：“学习数学的唯一正确方法是实行‘再创造’，也就是由学生本人把要学的东西自己去发现或创造出来；教师的任务是引导和帮助学生去进行这种再创造的工作，而不是把现成的答案告诉给学生。这是一种最自然、最有效的学习方法。说它最自然，是因为生物学‘个体发展过程是群体发展过程的重现’这条原理在数学学习上也是成立的，即：数学发展的历程也应在个人身上重现，这才符合人的认识规律。”[1]显然，“再创造”这种学习方式是很不适合英语学习的，因为语言有许多约定俗成的内容，外国人是无法对其进行创造的。

同一学科不同类型的知识也要采用不同的教学方式与之相匹配。就数学而言，数与代数、空间与图形、统计与概率、实践与综合运用的学习方式也各有特点。自主、合作和探究的学习方式是应该提倡，但要根据各种具体的情况灵活采用。现在许多教师在大力推行小组合作的学习方式，取得了不少经验，但也出现了诸多问题——课堂教学效率降低、班额太大难以组织管理等，这些都需要老师们有一种学习者、学习方式和学习内容相匹配的意识，进而加以统筹。数学家陈省身的意见能够给我们提供借鉴。他在回答张奠宙关于合作讨论的提问时说：“数学是自己思考的产物。首先要能思考起来，用自己的见解和别人的见解交换，会有很好的效果。但是，思考数学问题需要很长的时间。我不知道中小学数学课堂是否能提供很多的思考时间。”[2]显然，独立思考、形成自己的意见是合作讨论的前提和基础，而独立的思考需要充分的时间，离开时间的保障，合作讨论就不能得到真正的实施。

遵循合适的原则，就当前来说，要加强“学为中心”意识。要考虑学生的差异性，实施差异教学。差异教学不能简化为分层教学，分层教学主要依据学生学业水平的高低，差异教学考量的因素不仅有学业水平，还有学生的认知风格、性格特征、性别差异等。要真正地落实“学为中心”，教师要多放手，留足学生自主学习的空间。

四、多力合一

古代剑客武艺之高超，往往用“人剑合一”来形容。就教师运用多种力量来实现学科育人目标的角度看，也存在着一个力量合一的问题。

---

[1] 弗赖登塔尔.作为教育任务的数学[M].陈昌平，唐瑞芬，等，编译.上海：上海教育出版社，1995.

[2] 张孝达. 数学大师论数学教育[M].杭州：浙江教育出版社，2007：60.

总体上看，教师拥有的教学力量主要有人力（教师、学生）、教材（知识）、媒体等，恰当地运用这些力量才能实现学科育人的目标。

人是最重要的力量，我们要发挥好。强调“学为中心”，充分发挥学生的主体作用，不是要削弱教师的主导力量，相反的是要加强教师的力量。教师要更加用心、更加投入地研究如何使学生的力量发挥得更好。

教师要善于发挥教材的力量。教材是许多学科专家和教学专家精心编写的，是将学科知识教学化的产物，教师应用心研读，深入理解。千万别为了求新求异而弃用教材，要平衡好自我开发和使用教材的关系。

媒体是承载、加工和传递信息的介质或工具。自“互联网+”概念提出后，虚拟现实、人工智能、区块链等技术不断用于教育教学中，教学媒体边界被大大拓展。这些新技术和新媒体给既有的教育环境和教学方式带来巨大的改变，为教师智慧地教学提供有力的支持。其中，人工智能技术能够支持无处不在的学习访问，有助于确保提供公平和包容性的教育机会，促进个性化学习，并提升学习成果。[1]如何充分利用这些现代教育技术、数据、信息和设备，使之和教师的人力相叠加，形成最大合力，取得最佳效果，是教师需要深入研究的问题。

当前在信息技术使用上存在不少问题，如态度问题、能力问题。在态度上，一些教师投入不足，不是根据教学需要加工、选择和制作适合教学需要的课件，而是奉行“拿来主义”，一味地、简单地、不加选择地使用现成的教材配套光盘或别人制作的课件，导致教学效率不高，甚至还起了反作用。而且，由于新技术不断涌现，媒体及其技术迭代更新加快，许多老师跟不上步伐，不能很好地发挥新技术、新设备的功用。

以上从四个方面简要阐述了“和合”作为智慧课堂的文化特征，其在教学实践中很好地达成，需要教师艰苦的努力。正如亚里士多德所言：“这当然是难的，尤其是在一些具体的境况中。要规定一个人究竟该如何、对谁、出于何种原因、多长时间发怒才是合适的，这自然不容易，我们有时称赞发脾气太少的人，称他是儒雅的，有时又称赞怒发冲冠的人，说他是像个男子汉。但是我

［1］ 联合国教科文组织报告《教育中的人工智能：可持续发展的挑战与机遇》，2019 年 3 月。

们并不谴责无论是根据过度还是根据不及都只偏离正确航线一点点的人，我们会谴责偏离正确航线太远的人。至于偏离多远、多严重就当受到谴责，这难以确定。确定无疑的还是，尽管中庸的品质在所有事情上都值得称赞，但人们必定还是有时偏向过度方面一些，有时又偏向不及一面多些，目的还是为了契合中庸，更易于达到适度。”[1]

[1] 亚里士多德．尼各马可伦理学：注释导读本[M]．邓安庆，译．北京：人民出版社，2010：98.

第四章

“适合发展”教学中的学科教学智慧样态

在“双减”背景下，提高适合发展课堂教学和课后服务时段学生个性化学习指导与服务效能，是两项最为重要而紧急的任务。对于适合发展课堂教学，我们已进行了较为深入的研究与实践，现在要将既有的成果与“双减”进行对接和创新。课后服务时段学生个性化学习指导与服务存在诸多问题，迫切需要我们予以解决。智慧若水，随形而变，因势而化。学科教学智慧在“双减”背景下的适合发展课堂教学上和课后服务时段学生个性化学习指导与服务中，必然会有新的发展。事实上，有些老师已经走在了前头。例如，张伶俐、李华老师的微信公众号“节日你好”、潘柯琪老师的微信公众号“HQ的数学电车小教室”等，为学生个性化学习提供了丰富的资源。

第一节　“适合发展”课堂的智慧教学

在当前条件下实施“适合发展”课堂，首先要面对的就是大班额学生的困境。如何在同一个时空中满足不同认知特点、学业水平的学生的学习需要，让他们得到不同的发展，这需要教师具有丰富的教学智慧，开展智慧的教学行动。

一、“适合发展”课堂构成要素

影响课堂教学的因素有很多，从促进学生适合发展的角度出发，我们选取教学目标、教学内容、学生学习、教师指导、学生作业和教学评价六个方面进行重点研究。六个方面相互联系，勾勒出“适合发展”课堂的主体轮廓，教师在每一方面的具体行为都是内隐的教学智慧的外在显现。可以形象地说，适合发展课堂与学科教学智慧是学生适合发展这枚“硬币”的两面，两者相辅相成：适合发展课堂需要教师的学科教学智慧来实现，教师的学科教学智慧是在适合发展课堂的实践中发展起来的，也通过适合发展课堂而展示出丰富多彩的姿态。因此，“适合发展”课堂发展的不仅是学生，还有教师。进一步地，这种发展是适合学生和教师的发展，让师生在相互帮助、相互启发下实现和成（见图4-1）。

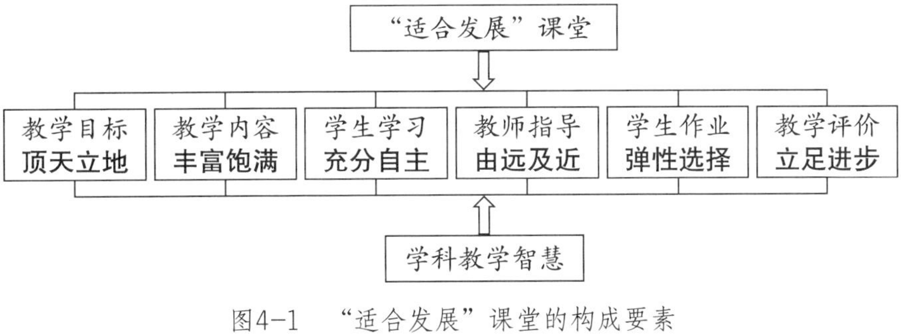

图4-1　“适合发展”课堂的构成要素

二、“适合发展”课堂智慧教学要领

智慧若水，逢方则方，遇圆则圆，本无定形。教师在“适合发展”课堂上的智慧教学行为是很难言说的。教育规律和教学原则属于教育科学范畴，阐述起来枯索无味又离题太远，教师强而读之也难以领会。具体经验描述与行为要求又过于具体、僵硬，虽有借鉴启发之价值，然终究不具普遍意义。鉴于此，我们对“适合发展”课堂的智慧教学阐述居于上述两者之间，即将科学理论实践化、具体化，将具体行为普遍化，概括地提出一些操作要领，为一线教师实际操作提供指导性框架，同时保留足够的创造空间。

（一）教学目标：顶天立地

设定适合的教学目标是教师上好一节课的首要任务，因为它基于学生的学习条件，源自教学内容的丰富程度，贯彻于教师的教学理念，落实于教师的实践能力。其设定对课堂的内容处理、环节设置、方法选择和媒体运用等方面起着导向作用。

1.“顶天立地”教学目标的理解

这是一种形象化且理想化的表达，即教学目标要达成“天—地”维度上的所有“点”。不仅要达成“中间”的目标，还要努力去“顶天”和“立地”。“顶天”就是让学优生努力达到所能达到的最高水平，“立地”是让待发展生达到国家课程标准规定的基本水平。

作为教学目标，“顶天”和“立地”并行不悖。知识掌握有多少，解题能力分强弱，思维理解有深浅，思想认识有层次，每个人全力以赴争优秀。这意味着承认禀赋的差异、基础的好坏等因素导致的学习收益不同和发展水平不均衡。

达成“顶天立地”教学目标，具体实施方式有多样：可以由“立地”去“顶天”，也可以从“顶天”到“立地”，还可以“中间开花向两头”；可以逐一达成，也可以“一箭多雕”。

2.“顶天立地”教学目标的提出

概而言之，教师设定教学目标有主观和客观两个方面的考量。客观方面主要是学生情况和教材内容，主观方面则是教师的教学观念和执教能力。前者是目标设定的基础，后者是教师的主观追求。两者要相互匹配，和合相成。否则教材不能尽其发展之力，学生发展有屈才之遗憾。教师或眼高手低，力有不逮；或有力无处使，才美难外现（见图4-2）。

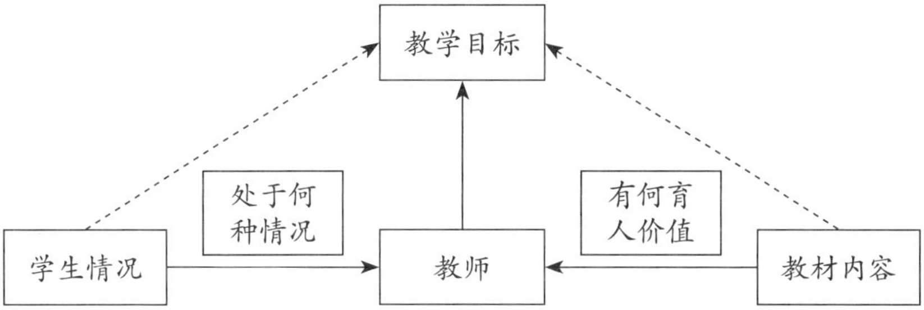

图4-2　设定教学目标的考量因素

学情是决定教学目标设定的最基本的因素。学生的学业水平、认知能力、学习兴趣和习惯等因素独立于教师之外，不以教师的主观意志而改变。但是，教师对学情的认识水平、收集学情的努力程度和利用学情的观念等主观因素会影响学情获得和使用情况，进而影响教学目标的设定。例如，面对丰富鲜活的学情，教学观念不同的教师处理方式是不同的。很多人的做法是将所了解到的学情进行“多数化”或“中间化”处理，即根据大多数学生的学习情况，或取中等生的学情来确立教学目标。这种做法将丰富多彩的学情简化为一种“截面”的状态，导致教学目标设置和教师教学行为的单一化。而从“适合发展”教学理念出发，就会将学情视为一种连续体，不仅重视“大多数”“中等生”，还要关注两头的情况。

教材内容也是独立于教师的存在，然而教师自身的学识经验、教材解读能力和教学理念等主观因素制约着教师对教材内容育人价值的认识和利用。优秀的教师会努力深入研读教材，整体把握知识体系，对课时内容透彻理解，开掘其中蕴含的育人价值。他们能根据学生的情况重组教材，优化教材，放大资源。他们不会满足于教育学和心理学教科书上对学生的介绍，而会深入此时此地、此校、此班了解学生情况。

3.“顶天立地”目标达成需智慧教学

将教学目标定位于“顶天立地”，意味着教师既要“顶天”又要“立地”，还要顾全“中间”。这需要教师具有教学智慧，能够进行智慧教学。

首先，在认识上要避免一些误区。一是不要秉持“二元对立”的思维方式，将“顶天”和“立地”对立起来。两者不是零和博弈，不是此涨必然彼消；它们不仅可以共存，而且可以互相促进。“立地”不必“水落石出”，而应“水涨船高”。这与苏霍姆林斯基“第二套大纲”的观点是相一致的。

二是要深刻认识教育公平和教育均衡化。就当下的舆论环境而言，提倡“立地”（保底）、“一个都不能少”，肯定会得到大家的赞成。因为这是在落实教育均衡化政策，这是正义的。而主张“顶天”，就会有人产生疑问甚至质问：这不是在搞“奥数”（“奥语”等）吗？这不是在搞英才教育吗？就此我们可以听听著名学者吴康宁先生的意见，他说：任何阶段的教育都不能不包括相应的英才教育，即使以公平为首要原则的义务教育也同样如此。没有英才教育，天赋异禀的学生的优异潜能得不到应有的展现与发挥，这既是对这些学生个人的极大不公，也是对国家建设发展乃至人类文明进步所需要的优质人才资源的极大浪费。可见，“顶天”和“立地”一样都是教育公平的体现，让不同的人得到不同的发展才是真正的公平。

吴康宁先生还说：义务教育阶段的班级授课教学中，教师既不能完全不顾少数“差生”的学习能力，也不能完全不顾少数“优生”的学习欲望，更不能完全不顾占比最多的“中等生”的学习需求。这有时会让教师左右为难。班级授课形式下，真要做到兼顾不同层次的学生的课堂学习，不“浪费”任何层次的学生的课堂学习时间，很难，太难。

其实，达成“顶天立地”的教学目标只不过是古人“因材施教”主张和行为的新表达而已。古人不仅将其奉为教育教学原则，而且积极践行，行有所成，为何今天我们却感到很难、太难？原因是多方面的，其中较大班额的班级授课制是一个重要的原因。就此而言，研究智慧教学，发展教师教学智慧，是“适合发展”课堂落到实处的必然选择。

（二）教学内容：丰富饱满

1. 变“桌餐”为“自助餐”

教学内容丰富饱满是促进学生适合发展的必要条件。一个萝卜，不管你是将它剁成块，还是削成片、切成丝，甚至雕成花，吃下去还是萝卜的味道、萝卜的营养。如果在萝卜中加点肉，那味道立刻就变了，营养就丰富了。课堂也是这样。有些教师热衷于在教学具体形式上“变花样”，而不愿在内容丰富上下功夫。课堂上，教师要开设“自助餐”，而不是摆“桌餐”。桌餐整齐划一，人不到齐不能吃，大家能吃到的既少且都一个样。自助餐就不同了，各种“食材”琳琅满目，数量充足。大家自主选择，各种口味和饭量都能得到满足。生活中，从桌餐到自助餐标志着社会的发展，人民生活水平的提高。教学上也是这样，为学生提供知识内容的“自助餐”是高水平教学的标志。

当然，教师提供“自助餐”要比开“桌餐”难得多，无论是课前准备，还是课上指导服务，都要付出更多的精力，需要更高的专业能力。提供的内容质量要高，要有利于学科育人。内容的数量既要充足又不能过多，应以所有学生智力和所能完成数量的上限为标准。

2. 依托教材进行内容拓展

教学内容不等同于教材内容，教学内容是教师基于学生的具体情况而提供的教与学的内容。教材内容的编写依据课程标准，以全国范围内学生的学情常模设置内容数量和难度，它是一个底线标准。从适合发展教学角度看，现行教材内容不能满足所有学生的需要，我们应该加以丰富。

依托教材进行内容拓展，要秉持“用教材教”的观念，既不能全然地教教材，也不能完全地离开教材。像教材专家那样从学科核心素养发展出发，完全由自己设计和开发一节课的内容，一般教师能力难以胜任，精力也不足。所以，用好教材，加工完善教材，是可行务实之举。就此而言，前面所述的“知识从哪里来”“如何展开”和“去往何处”就是具体的实施策略。崔允漷先生在中国教育三十人论坛上的发言中也有非常近似的观点——“三化”做法。

一是知识条件化。要让学生明白所教的知识从何而来，要补充背景知识，让教学内容变得有趣。

二是知识情境化。要创设真实情境，让学生知晓所学知识去往哪里，感受到所学有用。

三是知识结构化。让零散的知识在学习过程中逐步形成网络，促进学生认知结构发展。结构化的知识能更接近学科本质，而且便于记忆与迁移，进而化知识为智慧，化智慧为德性，这是结构化的价值所在。

3. 不是让学生“吃不了兜着走”

“适合发展”教学内容安排无论是数量、难度，还是形式、要求，都要根据学生实际情况确定。形象地说，我们要尽量考虑到各种口味差异和身体营养的需要，精选各种环保有机食材，精心烹制，加工出足够的饭菜数量和品种，让学生品着吃，挑着吃，享受着吃。吃的要求因人而异，基本标准是吃饱。食欲不振的要以美味吸引之，吃得太少的可以动员鼓励之，不能出现“撑着了”的情况，更不能要求“吃不了兜着走”。所以，教学内容丰富饱满不是简单地增加课堂学习内容量，搞大密度训练，更不是实施高难度的“奥数”竞赛课程。

（三）学生学习：充分自主

1. 自主学习才能做知识的主人

想要适合学生学习那就尽量让学生自主，有一个迪士尼道路建设的经典案例很能说明这一点。建筑师格罗培斯为了设计出一个最佳的道路方案，在乐园空地上撒了许多草种，小草长出后覆盖了乐园的空地。人们在上面自由行走，踩出许多宽窄不一却优雅自然的小道，格罗培斯让人按这些踩出的痕迹铺设了人行道。后来，这一设计被评为世界最佳设计。所以，“适合发展”课堂在实施上要尽量让学生自主学习。教师的作用在于为学生自主学习营造机会和空间，在他们遇到困难时及时相助，在他们学有所成时将其引向深处。

教师让学生自主学习，不只是体现在学生能自主地做这做那，更重要的是让学生有一种学习主人翁的意识和感觉。很多教师将主要的精力放在学什么内容、这些内容如何教上面，这是对的。但这也往往让学生学得没头没脑，有一种被操纵的感觉。所以，在此之外我们还要重视“为什么学”和“有什么用”的设计与落实，学生只有明白了知识的“来龙”和“去脉”，才能感觉到自己的学习行为是有原因的、有意义的，才能有自己是学习的主人翁的感觉，才能在需要的时候自由支配和运用这些知识，而不会变成书呆子或知识的奴仆。

2. 好的教学是让学生会学

陶行知说：“好的先生不是教书，不是教学生，乃是教学生学。”进一步地，好的教就是让学生学会学。教学生学不外乎两种基本路径，一是在教学过程中渗透学习方法，二是在教学中直接向学生传授学习方法。实际教学中，这两种路径往往是相互交织采用的。前者教师通过具体的教学行为让学生感受到阅读、记忆、思考、解决问题等学习行为中隐藏的学习方法，用自己在教学活动中的思维方式和行为方式潜移默化地影响学生。例如：教师在教课文时喜欢圈词语、做批注，时间长了学生也会这样做；数学老师分析问题时经常画图，那么学生遇到问题时就会不自觉地进行画图分析。后者指向很明确，就是对学生讲明一些学习的方法，例如如何预习、听课、讨论、复习等。教师不能满足于大家耳熟能详的千篇一律的表达，要能形成富有自己个人特点和经验的说法。例如，我对学生经常提出这样的要求：难的要会，会的要对，对的要快，快的要好。遇到困难要想办法弄明白，找到解决办法；已经有了解决办法，就要正确实施，不能犯错；对于能做对的题目要追求快速，培养思维敏捷性，要提高学习效率；快了还不行，还要方法好，书写优美。

学生学习能力的发展是在学习中实现的，良好学习品质的形成取决于学习活动及其结果。可以说，学生是在学会中会学，在学好中好学。教学活动没有让学生获得知识技能、学会思考，学生就不可能会学习；如果学习的成绩不好，学生就不会真正地爱上学习。

3. 思想无疆，行止有章

课堂上让学生充分自主学习，首先要给学生自由。陶行知早在20世纪二三十年代就呼吁要解放学生，之后明确提出“六大解放”：解放学生的头脑、解放学生的双手、解放学生的眼睛、解放学生的嘴巴、解放学生的空间、解放学生的时间。学生自由了，想象就会上天入地，没有疆界。

其次要讲规矩。一切自由都是以规则为前提的，大班额的课堂更是这样。这不仅是因为有限的课堂时空资源满足不了这么多人的需要，也因为培养规则意识、形成遵守规则的习惯，本就是教学目标之一。

自由与规约都要有，但两者要取得平衡，唯其如此才能真正让学生适合发展。这也就是我们天正小学将“思想无疆，行止有章”作为学风的目的所在。

（四）教师指导：由远及近

1. 教学不能“竹筒倒豆子”

吴康宁说，教学不是“竹筒倒豆子”。“竹筒倒豆子”就是直不笼统、和盘托出、一览无遗，没有情节、没有艺术、没有过程。课堂教学需要引而不发、欲擒故纵、诱“敌”深入，甚至需要不时卖一点“关子”，带一点神秘，留一点悬念，以激发学生的求知欲望和探索冲动。

教学不只是教师交给学生什么，更重要的是通过知识内容的学习引发学生全身心积极参与，促进思维、情感和价值观的发展。所以，教学不能直奔结果，而要让学生充分经历过程。教师指导学生的目的是让学生学，让学生更好地学，“一次到位”的指导会压缩和剥夺学生充分学的机会。

“豆子”不直接“倒”出来，目的是让学生获得更多。其中，让学生经历学习的过程就是一项目标。《义务教育数学课程标准（2011年版）》就明确地列出“经历”“体会”“参与”等要求，“情感态度”的目标中更是明确列出“积极参与数学学习活动，对数学有好奇心和求知欲”“在数学学习过程中，体验获得成功的乐趣，锻炼克服困难的意志，建立自信心”等内容。

教学既是科学，也是艺术。“豆子”不直接“倒”出来，让教学更富有艺术性；引而不发、欲擒故纵，得以诱“敌”深入；卖一点“关子”，弄一点“玄虚”，吊起学生的胃口；带一点神秘，留一点悬念，让学生欲罢不能、梦绕魂牵。

2. 每个人都应达到力所能及的成就

苏霍姆林斯基说，不要让任何一个儿童在低于他的才能的水平上学习。我们实行的原则是每一个学生在学习中都应达到他力所能及的成就。[1] 帮助学生是教师的职责，然而如何帮助是要讲究智慧的。例如，一位教师在教学看图写话时采用如下方式。

[1] 苏霍姆林斯基．给教师的建议 [M]. 杜殿坤，编译．北京：教育科学出版社，1984：280.

【案例】看图写话

写话

看看下面这幅画，小老鼠在干什么？电脑屏幕上突然出现了谁？接下来会怎样？

快把你想到的写下来吧！

（1）出示提示词语：大吃一惊、恶狠狠、张牙舞爪、浑身发抖……

（2）四人小组互说。

（3）学生上台说自己所写。

（4）教师点评。

这位老师给予的帮助就有点多，出示提示语太早，情感倾向单一，规定了故事情节的走向，压缩了学生想象力发挥的空间。我们可以做以下调整。

学生独立构思→个别学生上台说→同学评价并说自己观点→小组互说→学生写话→出示提示词语。

猫：睁眼观看、凝视、好奇地、恶狠狠、张牙舞爪、横眉立目……

鼠：大吃一惊、定睛观看、沉着、慌张……

这个调整秉持这样一种假设：学生都很聪明，他们能自主完成任务。教师的作用是组织、评价、指导、帮助、服务。作为帮助，教师呈现提示词语，呈现的方式较之于前面的赋予更多种情节和情感空间。

3.“由远及近”指导策略

由远及近的启发是将全体学生视为一个认知水平由低到高的连续体，从待发展生到中等生再到学优生，各种水平都有，教师都要兼顾。先做出的点拨和启发应离所达目标较远，只有少数学优生理解掌握，然后再借助这些学优生的力量或其他的办法让较多的中等生理解掌握，最后通过中等生的帮助让更多的人理解掌握，直至待发展生也有所收获（见图4-3）。这种指导方式特别在意学生思维的过程和学习活动的过程，目的是扩大思维空间，让学生尽可能多地得到有一定负荷的思维练习的机会。教师秉持的假设是所有的学生都有巨大的学习潜能，都可以在适当的帮助下得到发展。这种启发方式使课堂呈现出另一种“冷场”面貌，因为学生在紧张地思考，还没有得出答案。

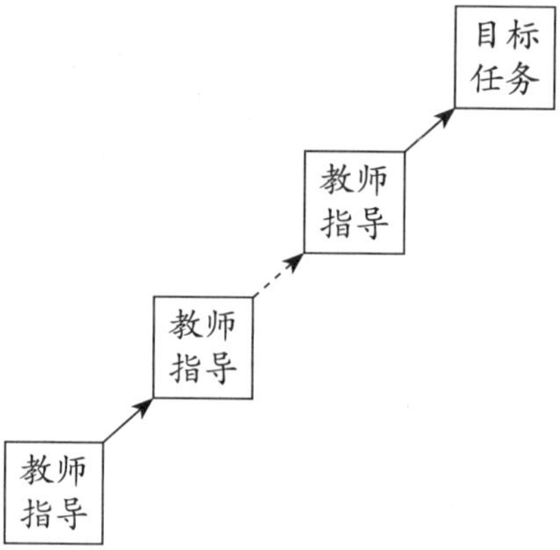

图4-3　由远及近指导策略

由远及近启发的具体方式很多，包括提问、举例、画图、演示等，其中提问方式是较为主要的。为了提高学生的思维负荷，提问需要远离目标。远离目标的提问，具有含而不露、指而不明、引而不发、开而不达的特点，能让更多的学生进行深度思维。如果这样的提问过于笼统，多数学生不得要领，那么就要朝目标贴近些再问，如此由远及近，最终达到目标。

4.“由远及近”与“先易后难”

不同难度的学习内容有不同的指导方式。难度很小的内容不要教，直接让学生自学。难度太大的学习内容不学也不教，因为教了也只有少数人理解掌握。我们所教的主要是难度适中的内容，就是在教师的帮助下跳一跳够得着的内容，这就是维果茨基所说的“最近发展区”中的内容。

一个问题的解决方法多种多样，一个知识的理解有深有浅。所以，教师指导就存在由远及近与先易后难的不同方式。教无定法，两者都可以用。但是，两者产生的结果有差异。

“由远及近”指导：起始的指导离目标较远（思维挑战性很强），全体学生都在认真思考但很多人没有懂，只有学优生理解、掌握。继续靠近目标（启发），有更多人（中等生）理解。再贴近目标（告知），帮助待发展生理解。这是能力发展为导向的教学方式，注重将全体学生置于较大的思维负荷之中，有利于优秀学生的发展。教学中要加强以优带“弱”的行动，注重对待发展生进行个别指导。经过长期潜移默化，可以形成不怕困难、追求卓越的学风。

“先易后难”指导：先讲解容易掌握的方法（思维挑战性不强），适合待发展生掌握，中等生和学优生积极性不高。稍后讲解难一点的方法，中等生积极参与并掌握，学优生不感兴趣。最后讲解难以理解（简便、巧妙）的方法，学优生积极参与，待发展生和中等生已有方法在手，积极性不再高涨。这种教学方式以知识掌握为导向，夯实知识基础；关注“弱势”学生，优秀学生发展得不充分。

（五）学生作业：弹性选择

学生作业是对已经进行的学习活动及其结果的巩固和拓展。通过作业，教师可以获取反馈信息，及时调整教学。从促进不同学生的不同发展出发，“适合发展”课堂作业的设计、布置和指导要注重以下两点。

1. 进行多层次设计

“适合发展”课堂作业要满足不同学生的不同需要，其设计应有层次性，具体而言有四个层次。

第一层次是同步练习。习题内容的难度、表现的形式都应与所探究的新知（如课本例题）同步，主要目的是帮助学生熟练地掌握新知，形成能力。

第二层次是变式练习。主要是对所学的知识进行变式，帮助学生理解概念的本质属性和建立新旧知识之间的联系。

第三层次是综合练习。以新知识为中心，适当地与旧知识进行联系，使学生在新旧知识的比较中掌握新旧知识的本质，扩展学生的认知结构。

第四层次是拓展练习。此练习主要是针对学有余力的学生，兼顾全体学生。拓展题主要利用学生完成综合练习的时间差来进行，习题设计主要是对所学新内容做情境上的变化，横向拓宽为主，纵向挖深适度，力求具有发散性、开放性、多样性。评价上看重学生参与思考，不以成败论英雄。对于解题成功的同学应给予表扬和鼓励，但不急于公布其解答方法，给其他学生继续思考的机会。

2. 开设“作业超市”

“适合发展”课堂作业布置要由整齐划一走向弹性选择，作业完成方式由统一封闭走向开放多元。首先，“货品”丰富。现在作业要求统一性过强——统一内容、统一要求、统一上交时间、统一批改方式、统一评价标准，忽视对学生的个性差异的关照，导致能吃的吃不饱，不能吃的吃不了，酸甜苦辣咸口味差异则更不在考虑范围中。从适合学生发展角度出发，我们必须提供数量、类型和难度足够丰富的作业。要在发展学生认知素养的同时，增加作业中的人文因素，促进学生正确价值观的形成。要契合学生年龄特点，搭配好纸笔作业和实践性作业，坚决克服机械、无效作业，杜绝重复性和惩罚性作业。

其次，自主选择。超市的最主要特征是顾客能够自主选择，各取所需。“适合发展”课堂作业要给予学生自主选择的权利。教师可以设置底线标准，指定必做题，提供选做题，上不封顶，鼓励超越自我、挑战困难。

学生不仅有自主选择的权利，还可以有自主出题的权利。教师出题，学生做题，这已成为我们的习惯。做什么、做多少、怎么做、何时交都由老师规定，这种单向度的作业布置方式不仅挫伤学生做作业的积极性，而且限制了学生学习主动性的发挥和思维创造性的发展。就像本书第二章第二节所提到的例子，一位研究者布置了这样一道题——一条船上载了25只羊、19头牛，还有1位船长，问：船长的年龄是多少？结果竟然有很多学生根据已有数据计算出了船长的年龄。这可能与学生头脑中“老师出的题不会错，题中的条件都有用”的想法有关系，而这种想法和一直以来都是教师出题学生做的习惯是脱不了干系的。

让学生出题，把学生置于主动思考的境地，有助于学生以更高的视角来看待所学的知识。这样学生就成了知识的主人，在支配和使用知识。他们是学生，因此比老师更清楚同学们的“口味”是什么，出的题更能凸显他们学习中的困难。因而，学生设计的作业与教师布置的作业形成了互补。

（六）教学评价：立足进步

1. 成功方是成功母

学习失败对小学生的影响，不仅在于成绩不好导致后续学习困难，更主要的是会影响其社会性发展。成绩差的学生往往会被标签化，成为班级中的不受待见者，长期发展下去，在性格上往往出现两种极端状况：一是接受失败者标签，从此变成“一摊泥”；二是反抗别人的不待见，但是在学习上还是不行，于是和别人对着干以宣示自己的存在。前者变成了自卑者、懦弱者，后者变成了逆反者、“捣蛋鬼”。所以，我们要努力让学生学习成功，产生成功的情绪体验，竭力避免学生产生挫败感。

然而，许多家长和教师常常秉持“失败乃成功之母”的观点对孩子进教育。应该说这句众人皆知的励志之语是有道理的，然而对于小学生而言却并不适用。因为小学生的心智发展离成熟还很远，其抗失败能力有待于培养。过多的失败会挫伤他们的学习积极性，从而让他们产生厌学、恐学心理，孩子逃学、离家出走就是其表现。

当然，我们提倡“成功方是成功母”，并不是一味地迁就学生，报喜不报忧，搞“虚假繁荣”，而是要让学生“跳一跳，摘桃子”，即让他们在付出一定程度的努力后取得成功。通过这样的不断积累，他们可以逐渐产生学习自信心——我努力，我成功。教学的智慧就在于因人而异、因时变化，尽可能让每一位学生获得学习上的成功。

2. 自我比较的进步

吴康宁认为，教育意义上的“学生成功”，不能以学生之间竞争、比较的结果为标准来判定，而应以学生自身提高、自身进步的程度为尺度来衡量。学生自身的成长发展，才是学生获得快乐与快乐感、幸福与幸福感的真正源泉。所以，“适合发展”教学的评价必须立足于学生的进步，以自身的进步为目的，以自身的进步为尺度。

横向比较是当下不少教师习惯了的评价方法，具体表现为平均值标准、大多数人标准。教师往往以高（或低）于班级、年级平均水平的多少来确定对学生表扬（或批评）的程度，或者以是否达到班级或年级大多数人的水平来肯定或否定学生。“适合发展”课堂评价应遵循相对发展原则，就是将学生学业成绩、情感态度与价值观方面的现有情况与自己过往情况相比较，以进步的状况来评价。只要学生进步了，教师就要给予肯定和表扬，即使他的成绩在群体中仍属于落后的状态。

需要强调的是，看学生的进步，不能只看客观的结果，还要看主观积极努力的态度。小学生可能还处于“没开窍”状态，能力（包括智力、情感方面）发展没有达到一定的成熟度，因而许多教育教学行为不能收到理想的回报。我们不能因此而给予差的评价，我们要看其主观努力的情况，只要学生态度积极努力，上课认真听讲、积极思考，作业努力完成，我们就要将其视为好的表现。

3. 扬长补短不求全

我们主张以学生的自我进步为标准来评价，然而学生的素养是多方面的。我们既要见森林，又要见树木，有时还要见所想见，避所不想见；既要目光如电，明察秋毫，又要能“装聋作哑”，顾左右而言他。这都是教学智慧所在。具体而言，首先要看学生的长处。重视个性特长的发展，不必面面俱到。只要学生在某一方面进步了，或者取得了超出他人的成绩，我们都要给予肯定和表扬。其次要善于以长带短。学生多方面的素养发展可能不均衡，既有发展快慢差别，又有水平高低不同。我们在理念上尽可能求全发展，但在实际行动上则要有所侧重。要扬长为主，发展优势，扬长补短——在扬长的过程中促进短处发展。既不能完全弃短不顾，也不能全力以赴地只顾补短。扬长可以激发学生发展积极性，增强自信心，提升素养水平。人的素养是相互联系的，某一方面的高水平突破可以让学生豁然开朗，一通百通。

4. 守住评价的底线

对学生评价的目的是让学生心悦诚服、心情舒畅，让学生倍增信心、倍添力量，而不是打击信心，毁灭上进心，导致自卑懦弱，导致厌学和弃学。我们要守住对学生评价的底线。就此，我以吴康宁先生在《反思育人方式》一文中所说的“三不可”评价底线为然——

其一，不可伤害学生的自尊。假如对学生的评价伤害了学生的自尊，那么，评价的标准再“科学”，也是反人文的。

其二，不可打击学生的自信。假如对学生的评价打击了学生的自信，那么，评价的方式再“合理”，也是荒谬的。

其三，不可加剧学生的竞争。假如对学生的评价加剧了学生的竞争，那么，评价的过程再“透明”，也是残酷的。

对学生突破底线的任何评价，都会扭曲学生心灵，影响学生成长，都是“反教育”的评价。

三、智慧教学要领的统一性

上述六大要领从不同视角概述了“适合发展”课堂智慧教学的操作，它们具有内在的统一性，需要整体理解。

首先，共同指向学生适合发展。教学目标顶天立地、教学内容丰富饱满、学生学习充分自主、教师指导由远及近、学生作业弹性选择、教学评价立足进步，这六个方面阐述的都是教师教学设计与现场执教的观念与行为，是教师内在的学科教学智慧——设计智谋和调适机智在课堂中的行为要求和落实。教师教学智慧的发展和在课堂上进行智慧教学，最终目的是促进学生的适合发展。所以，对六大操作要领的理解和运用不能彼此割裂、“单兵作战”，必须统筹安排、相互协调，这样才能发挥其最大效能，取得最佳效果。

其次，用词都具有区间化特征。因为要适合不同学生的学习需要，所以教学行为方式就不能固定唯一，对其进行概括的词语必须具有伸缩性。“顶天立地”“丰富饱满”“充分自主”“由远及近”“弹性选择”和“立足发展”这些词语都是想呈现在某个区间里变化的一种状态。这也是智慧教学如水属性的表达。智慧教学因人而异，因时而变；顺势而为，乘势而上；立地顶天，敬天正人。

第二节 “适合发展”课堂智慧教学的评价

“适合发展”课堂智慧教学的评价目的是通过诊断教师教学行为及其结果，改进教师教学行为，让教师更为智慧地教学，促进学生适合地发展，落实学科育人根本任务。其评价的内容包含教师教学观念和行为、学生学习行为和状态两大方面，具体从学科育人价值体现、教学活动创意设计、教学现场机智互动和和合课堂文化建设四个维度进行。

一、教学评价的四个维度

指向学生适合发展的学科智慧教学评价是一个体系，其主要构成应该围绕“学生适合发展”和“教师智慧教学”两者进行。“教师智慧教学”是评价的主要对象和内容，可分为教学活动创意设计、教学现场机智互动两个方面。“学生适合发展”是衡量“教师智慧教学”的标准，两者目的性关系的实质就是“学科育人”，状态性关系的表现就是“和合”文化。

“学科育人价值体现”“教学活动创意设计”“教学现场机智互动”与“和合课堂文化建设”从四个维度构成“适合发展”课堂智慧教学评价的结构框架，它们各有侧重，相互联系，共同完成对“适合发展”课堂智慧教学整体评价任务。“学科育人价值体现”是统领，其余三者为其实现方式与路径。“教学活动创意设计”与“教学现场机智互动”形成了“和合课堂文化建设”（见图4-4）。

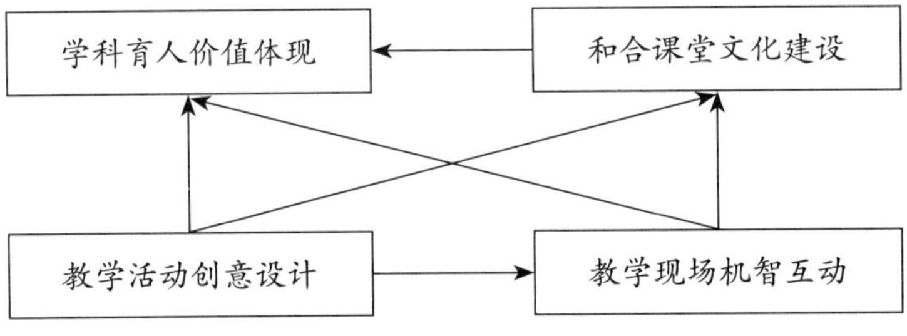

图4-4 “适合发展”课堂智慧教学评价的结构框架

（一）学科育人价值体现

学科之所以能育人是源于学科知识的本质。学科知识是人创造的，没有人对知识发展的追求，没有人对知识加以专业化处理，形成合理的逻辑结构，就没有所谓的学科。学科是为了人的，为了发展人的。人在学科学习中得到培育和发展，学科在人的学习、研究中得到拓展和创新。所以，学科的本质与核心价值就在以人为本的理念和行动中，就在与人发生的关系中。可见，学科育人是学科本质的应有之义。[1]

学科知识具有层次性，它的外显层是数字、文字、术语、图表、线条等；中间层由思维方式、方法和过程构成，它潜藏在知识表层背后，是可以通过分析、判断、推理而呈现和展示出来的一组程序和法则；其内在的隐性层由情感、态度与价值观构成，是人们在知识探索过程中积淀的各种价值体验与隐蔽形式。[2]

据此，我们将学科育人价值体现为三个层次，即工具性价值、方法性价值和精神性价值。工具性价值，是指让学生获得知识和能力的发展。方法性价值是指让学生通过知识的学习获得潜藏在知识背后的思维和方法，在学习过程中经历合作、探究与成功的体验。精神性价值是指促进学生情感、态度与价值观方面的发展。很明显，这三个育人价值对应着课程“三维目标”——知识与技能、过程与方法、情感态度与价值观。

（二）教学活动创意设计

教学设计是整个教学活动的起始，学科教学育人价值的实现，师生现场教学活动的开展，课堂和合文化的形成都需要在教学设计时统筹考虑，富有创意的教学设计能使整个教学活动更富实效性，更富艺术性。从智慧教学的角度看，教学活动设计得越有创意，给学生学习开拓的空间就越大，偏离预设的情况就越多，教师把控的难度就越大。所以，教师要尽量充分地预设各种可能出现的新情况。

学科育人价值的开发，不局限于学科内容的深度开发，还包括围绕着学科教学进行的实践活动设计，这两方面共同构成了教学活动设计的创意内容。一

［1］ 成尚荣 . 学科育人：教学改革的指南针和准绳 [J]. 课程・教材・教法，2019（10）：84.
［2］ 柳夕浪 . 学科本质与人格力量的相互激荡（上）[N]. 中国教师报，2018-05-16.

方面，教师要善于使已经凝固化的书本知识重新活起来，将它与知识发现者、知识发现过程联系起来；使知识与学生的生活世界、已有的认知与经验关联起来。另一方面，要研究学生共有的基础、差异类型，研究他们与学科知识相关的兴趣与困难等。教学活动创意设计的成果是将每节课具体要教学的内容与教学过程的事先策划结合起来，构成“弹性化的教学方案”[1]，即充分考量学生具有的创造性，做好多种预案，便于课堂现场的临时变化。

教学活动创意设计是教师教学设计智谋的一个重要方面，其目的是尽可能地适合学生学习。这就要求教师既要掌握各种教学规律和熟练运用各种教学方法，还要不满足于照本宣科、沿袭旧法，要在情境创设、方法运用、资源开发等方面大胆创新。

“情境创设”主要是在课的起始部分，有了好的情境创设就成功了一半。情境创设的目的有两个：一是巧妙引入新知，既要自然符合逻辑，又要富有新意，出人意料；二是要能够激趣生疑，既调动起学生的好奇心、求知欲，又做好相关旧知准备和思维预热。学生既然想学了，那么教师就要为学生提供足够的学习空间，让他们承担足够的思维负荷。就此而言，提供足够的思维空间与调动学习积极性同样重要。

“方法运用”主要体现在两个方面：一是科学，一是灵活。前者指方法运用遵循教育学和心理学规律，根据班级学情合理组合和运用各种基本教学方法。后者指教师能够根据教学现场的具体情况，灵活调整教学方法，使教学富有成效。

“资源开发”指围绕本节课教材核心内容进行教学内容的丰富和拓展，包括横向的广泛联系和纵向的适当加深。具体可以从知识内容“从哪里来”“如何发展”“有什么用”三方面进行，从满足不同学生发展需要出发，为学生课后进一步学习提出新问题，提供资源包。

（三）教学现场机智互动

教学就是无止境的相遇。[2]无论教师在设计阶段考虑得如何周到，其加

[1] 叶澜.重建课堂教学价值观[J].教育研究，2002（05）：3-7.

[2] 帕克·帕尔默.教学勇气：漫步教师心灵[M].吴国珍，等，译.上海：华东师范大学出版社，2014：9.

工出的“那盘菜”还是会出现“不合口”的情况。例如，创设的情境没有达成预期的效果，采用的方法不能适合现场学生的学习，设计的问题过浅或过深，师生互动时碰撞出新的火花……当预案不能很好地适合学生学习时，教师必须进行及时而恰当的调整。一般的课堂如此，“适合发展”课堂则需要更多的智慧教学行动。

我们对教师在教学现场的机智互动评价可以从三个方面进行，即师生对话水平、教师启发方法和机智应变。

对话水平是指师生对话不能停留在形式上和表层上，而是能在围绕共同话题的前提下进行深层意义的探讨，在彼此的碰撞中生成新的意义。对话过程中，教师要善于提出问题启发学生思考，及时接话，妥善处理学生的回答。

在启发方法上，教师要根据学生情况，采取不同的方法，如操作、画图、举例子、打比方、产婆术等，重在激发学生思维活力，尽量让学生自己得出正确结论。启发要根据学习难度采取不同方法，对于最近发展区中的内容遵循由远及近的原则。对于难度较大的问题，可以采取深入浅出的讲解方法。

机智应变。课堂上，教师采用多种方法增强课堂活力，充满活力的师生、生生互动中，学生思考深入，创造力迸发，从而生成新的意义。面对生成情况，教师不拘泥于教案，面对不利情况能及时出手救失，能及时捕捉其中的有利资源，推动教学向更好局面发展。

（四）和合课堂文化建设

学科育人说到底是教师在以自身的人格育人，教师将自身的价值观念和情感态度在教学设计和现场与学生互动中直接或间接地呈现出来，从而传达真理、塑造灵魂、成就真人。教师的人格在课堂中以弥散的方式发挥作用，教师的人格总是真实而自然地流露在教学过程中，总是在特定的情境中闪耀起来。弥散的特点是让学生处处能感受到、触摸到。教师微笑的脸庞、温暖的胸怀，好似汩汩的清泉、和煦的春风，沁入学生心脾。教师弥散在课堂上的人格影响及其形成的学生学习状态构成了和合课堂文化。

建设和合课堂文化的目的是营造和谐的学习氛围，合多方力量促进学生发展。我们主要选取三个方面对其进行评价。

一是思想无疆。教师作风民主，态度和蔼亲切，学生能大胆地表达自己的意见。追求奇思妙想不断喷涌、创新火花不时闪现的课堂状态。面对学生匪夷所思的想法，甚至离经叛道的行为，教师有宽容之心且能循循善诱，对学生抱有积极的期待，赏识激励。

二是行止有章。鼓励学生思想无疆并不意味着放任纵容不良的行为，我们追求的课堂样态是活而不乱。这不仅是出于课堂上人数较多的客观原因，更是出于我们培养学生规则意识和习惯的主观追求。行止之“章”，首先是政治思想的正确，要弘扬社会主义核心价值观和中华民族优秀文化传统；其次指课堂纪律，师生相互尊重，同学相互友爱，达成师道尊严和“吾爱吾师，吾更爱真理”的兼顾与平衡。

三是适合发展。就全体学生而言，不同学生获得不同的发展，即让优秀的学生达到力所能及的最高成就，让待发展生达到国家课程标准规定的水平。就学生个体而言，在促进全面发展的基础上，激发潜能，扬其长而补其短，助力其全面而又个性地发展。

二、“适合发展”课堂智慧教学评价表

依据上述“适合发展”课堂智慧教学评价四维度及其内容分析，我们编制了《“适合发展”课堂智慧教学评价表》（见表4-1）。

表4-1 “适合发展”课堂智慧教学评价表

观察维度	观察内容	权重1–4分	得分	其他意见（4分）
学科育人价值体现	工具性价值	知识理解		
		能力发展		
	方法性价值	经历过程		
		情感体验		
	精神性价值	性格养成		
		思想道德		
教学活动创意设计	情境创设	激趣生疑		
		思维空间		

（续表）

观察维度	观察内容	权重1–4分	得分	其他意见（4分）
教学活动创意设计	方法运用	方法科学		
		流程合理		
	资源开发	资源丰富		
		媒体使用		
教学现场机智互动	对话水平	善于提问		
		恰当理答		
	启发方法	富有成效		
		灵活多样		
	机智应变	及时救失		
		相机长善		
课堂文化氛围建设	思想无疆	鼓励创新		
		仁爱容错		
	行止有章	活而不乱		
		思想正确		
	适合发展	扬长补短		
		立地顶天		
总分				
说明：总分100分，其中24项三级指标共96分，其他意见4分。 优秀：85–100分；良好：70–84分；合格：60–69分；不合格：60分以下。				

本评价表采取封闭评价与开放评价相结合、质性评价与量化评价相结合的方式，将教师在“适合发展”课堂上智慧教学的表现分为“学科育人价值体现”“教学活动创意设计”“教学现场机智互动、课堂文化氛围建设”4个维度，每个维度分为3个二级指标，每个二级指标又分为2个三级指标，共由24个三级指标构成了评价的主要内容。

从量化评价的需要出发，本表满分为100分。其中，每个指标赋值1—4分，合计最高96分，剩余4分为评价者的独特意见预留，他们可以在“其他意见”一栏将自己有别于24条指标的意见描述出来。

第三节　学生个性化学习的智慧服务

“双减”之前，学生在校时间一般不得多于6小时，这使得“适合发展”的教学被压缩在课堂之上。现在落实“双减”政策，开展课后服务，学生在校时间大大增加，这为学生个性化学习和教师的个别指导提供了机会。

然而现实的情况是，课堂出现学生自行其是、混乱无序、时间浪费等不良现象。学生课堂作业缺少与课后服务的衔接，各学科作业没有一体化考虑。课后服务时段的负责教师许多是综合学科教师，缺少语、数、外等学科作业的指导能力，而学科（特别是英语、数学等学科）教师分身乏术，难以兼顾多个班级的学生作业指导。

如何提高课后服务时段学生作业质量？如何利用好课后服务时间对学生进行有效的个性化指导？这是智慧教学研究面临的新问题。基于半年多的实践和思考，以下三方面可能是今后我们要着力研究和做好的工作。

一、开设“作业超市”

“双减”之后，作业在一定程度上已不是传统意义上的课后训练了，它应融通于学习的全程之中，从附属意义的巩固练习，发展为具有独立意义的学习活动。如果说课堂是老师现场带着学生学习，那么课后服务时段的作业便是学生的自主学习活动。当前作业无论从设计、管理，还是教师指导、批改都需要进行变革。

（一）作业设计

丰富多彩的作业是“作业超市”开设的前提，教师要在作业设计上多做文章。提供足够多的作业量不是难事，困难的是作业的质量要高。作业质量高体现在两大方面：一是能够落实学科育人根本任务，二是能促进不同人的不同发展。综合这两方面，高质量的作业设计要做到以下两点。

1. 作业形式多样

琳琅满目的货品是好超市的标志，好的“作业超市”应该有多种形式的作业。形式划分有多种维度，例如“知识巩固性作业—体验性作业”“封闭性作业—开放性作业”“学科作业—跨学科作业”“教师设计作业—学生设计作业”等。这些维度划分类型中，前一种都是大家习以为常的，后一种则较为少见，下面进行简要介绍。

体验性作业。这种类型的作业改变了惯常那种单纯进行知识巩固和技能强化的方式，将参与过程作为作业本身，重视学生在做作业过程中的感受，使完成作业成为一种积极的情感体验。例如，表演、动手做、参加诗歌会、进行影视欣赏、参与社会实践、参观访问……这些作业方式能够避免“刷题”类作业的弊端，能增强兴趣，培养实践能力和创新意识。

开放性作业。开放性作业是指那些问题情境模糊、作业完成方式多样、问题解决方法多样、答案不唯一、评价标准多元的作业，例如数学学科中的开放题、画出知识结构图、写数学日记等。再如语文学科的开放性写作：学完《把事情说明白》单元后，让学生围绕一个事物（动物、植物）写作文；学完记叙文后，让学生假设自己是文中主人公，写“我会怎么做”；还可以让学生试着与作者争鸣，写“我与作者对话”等。综合实践课可以安排学生围绕某个主题写方案设计，安排主题性实践。开放性作业能培养学生的好奇心，增进学生学习自主性；可以发挥学生各自的优势，满足不同需要，促进个性发展；能引导学生积极、广泛地思考学习，促进思维发散性和创造性发展。

跨学科作业。由于实施分科教学，学生综合运用各学科知识解决问题的能力不能很好地发展，所以《义务教育课程方案》规定，各学科用不少于本学科总课时的10%开展跨学科主题学习（实践）活动。要求设立跨学科主题学习活动，加强学科间相互关联，带动课程综合化实施，强化实践要求。学科教师要有意识地设计一些跨学科的作业，帮助学生对不同学科知识进行统整，综合利用。可以从一个学科横向联系其他的学科，例如现在流行的STEM项目作业。也可以选取生活实际问题让学生解决，这些问题不是靠一种知识就能完成的，而是要综合运用多种学科知识。例如数学教师让学生改作文，将数学知识嵌入语文学习之中，既新鲜又有趣。

学生设计作业。一般情况下都是教师出题，学生按要求完成，这种方式不仅会挫伤学生做作业的积极性，而且会限制学生学习主动性的发挥和思维创造性的发展。我们可以放手让学生来出题，从中择优充实“作业超市”。例如，开设“每日一题”栏目，每日从学生所供题目中择优录用。出题者评价其他学生的答案，并讲解解题方法。

2. 作业层次丰富

“适合发展”课堂要采取差异性教学。学生的差异性是多方面的，包括学业水平、认知能力、个性特征、价值观念、文化背景等。其中学生学业水平和认知能力是教师因材施教的最主要的依据，丰富作业层次就是为了满足不同层次学生的需要。作业层次包括基本作业、综合作业、提高作业和拓展作业四级。

基本作业：以本节课所学内容为核心，思维难度与之相等，题型相同，旨在夯实基础知识，训练基本技能。

综合作业：以本节课所学内容为核心，适当将已学其他知识融入其中，旨在拓展知识结构，培养综合性思维，难度略高于例题水平。

提高作业：将所学知识放在一个新的情境中，培养学生灵活运用知识的能力。

拓展作业：发挥学生思维创造性，可以是开放题、方案设计、项目研究等。这主要适用于部分学有余力的学生。

每节课的作业设计都要努力涵盖以上四个层级，可以分题分级，也可一题（一个情境、背景）分成题串，由浅入深。作业要富有弹性，让学生结合自己的学习情况选择适合自己的题目。如在学习完《草船借箭》一文后，可以设计这样的作业：

【示例1】《草船借箭》作业设计

一、基本作业

1. 听写本课12个词语。

2. 根据故事中人物的特点进行填空。

（　　　　）的周瑜　（　　　　）的诸葛亮　（　　　　）的鲁肃

3. 按照起因、经过、结果的顺序把《草船借箭》这个故事说给身边的人听。

二、综合作业

1. 阅读《三国演义》（青少年版），选择一两个故事讲给同学听。

2. 收集相关歇后语、成语，在“知三国，说三国”兴趣活动中互相交流。

三、提高作业

阅读《三国演义》原著章节。

四、拓展作业

选择《三国演义》人物，为他（她）画一张像，并用一段文字对这个人物进行评价。

（二）作业布置

1. 减少机械训练，增加素养发展作业

中共中央办公厅、国务院办公厅印发的《关于进一步减轻义务教育阶段学生作业负担和校外培训负担的意见》明确要求：鼓励布置分层、弹性和个性化作业，坚决克服机械、无效作业，杜绝重复性、惩罚性作业。

当前我们布置的作业中，机械训练、重复低效的作业太多，原因大致有两个，就是“图省事”、抓考分。很多教师习惯利用现成的书本、练习册、试卷，顺手布置或印发下去，很省事。这些作业大多以基础知识、基本技能为主要内容。还有不少教师将考试分数看得太重，唯恐考不好，于是就让学生进行大量的重复性机械训练。我们要从习惯的思维和行为方式中走出来，树立发展学生核心素养的观念，从我做起，对既有的作业进行改造，创生新的好题，落实学科育人根本任务。

【示例2】改造教科书题目

1. 下面是第六次全国人口普查公布的我国人口的一些数据。先读一读表中的百分数，再回答问题。

	性别		年龄/岁			民族	
	男	女	0~14	15~64	65及以上	汉族	少数民族
大约占总人口的百分数	51.3%	48.7%	16.6%	74.5%	8.9%	91.5%	8.5%

(1) 我国人口中，男性多还是女性多？男性人口与总人口的比是几比几？女性人口与总人口的比呢？

(2) 从年龄和民族看，你还能知道些什么？

这是苏教版数学六上《百分数》一课的练习题，从中可以看出它关注的主要是百分数知识。我们可以在这之后出示下表，并提问：

比较表中年龄和比重两栏，你有什么发现？请你写一段文字，谈谈自己对人口老龄化的认识。

第七次人口普查全国人口年龄构成

年龄	比重 / %
总　计	100.00
0–14岁	17.95
15–59岁	63.35
60岁及以上	18.70
其中：65岁及以上	13.50

【示例3】一道促进学生核心素养发展的作业题

小巧告诉小胖，她用计算器算出两个整数的积是455，但忘了这两个数，只记得：这两个数都是两位数，两个数都小于50。

小胖说："我来用计算器找出这两个数，从7×64开始试。"

小巧说："7和64都不可能。"小巧说出三个理由。

你认为小巧说的是哪三个理由？

你有办法很快找出这两个数吗？

2. 总量控制，统筹各学科作业

首先，控制作业总量。"双减"文件明确要求，确保小学一、二年级不布置家庭书面作业，可在校内适当安排巩固练习；小学三至六年级书面作业平均完成时间不超过60分钟。

其次，统筹各学科作业。设立每日沟通、公示制度。每天中午前，学科教师将当天作业及其完成所需时间上报给年级主任。年级主任根据规定，把控学生每日作业总量，和相关教师进行沟通，对各班语、数、英等学科作业量和形式进行平衡和调整。语、数、英等学科教师合作完成班级“作业超市货单”，包括各学科作业内容、作业所需时间、必做和选做要求等。

二、教师适合指导

2021年教育部办公厅印发《关于加强义务教育学校作业管理的通知》，明确要求加强作业指导：教师要充分利用课堂教学时间和课后服务时间加强学生作业指导，培养学生自主学习能力和时间管理能力，指导小学生在校内基本完成书面作业。教师对学生进行指导实质是一种个别教学行为，是促进学生适合发展的重要方式。同时，面对学生的不同情况，需要教师智慧应对。教师对学生进行作业指导可以从以下四个方面开展。

（一）进班巡视指导。课后服务时段学生做作业，无论是否当班，教师都要努力进班巡视。对需要帮助的学生进行个别指导，包括对待发展生进行辅导，和对学优生提高要求。对普遍性问题要及时集中提醒、点拨。

（二）组织伙伴学习。根据学业水平和认知能力，将学生组成作业小组。可以是异质分组，也可以是同质分组。异质分组用于一般性作业，学优生可以帮助待发展生。同质分组适用于研究有难度的问题，主要由学优生组成。还可以培养学优生当小先生，由他们开讲和指导一些待发展生。

（三）及时批改反馈。《关于加强义务教育学校作业管理的通知》要求教师对布置的学生作业全批全改，不得要求学生自批自改，强化作业批改与反馈的育人功能。首先，教师作业批改要及时，既要批，又要改。批改方式要正确规范，评语精准恰当。教师对一些错误要适当改正，将正确的解法、方式写出来。这些都是书面形式的指导教学。其次，要及时反馈。通过批改作业，教师可以广泛获知学情。此时，教师要尽快进行有针对性的集体讲评或个别讲解。最及时的批改与反馈就是面批，师生面对面交流，教师的指导既及时又有针对性。所以，我们要尽可能多地进行面批。

（四）AI（人工智能）系统批阅，教师精准辅导。面对大班额学生，教师批改作业的量是很大的。大量批改占据了老师很多时间，导致在教学研究和学生个别指导上的投入不足。充分利用信息技术手段批改作业，同时收集学情，这是一举两得的好办法。我们天正小学和相关技术公司合作，开发人工智能批阅系统已经近4年。老师布置作业，学生完成并上传后，AI系统便能自动开始批阅客观题，并最终把批改结果、作业报告（包括正确率、错题分布、知识点错误率等）反馈给学生，让他们对照批改结果及时订正错题。现在数学、语文、英语、道德与法治等一些学科作业都能通过系统进行批阅，收集学情数据。这是一个大有可为的领域，今后我们将进一步推进。

三、开掘学习资源

只要自助餐餐厅的食物数量多、品种足够丰富，就不需要担心食客吃不饱、吃不好。教学与此类似，学习资源足够丰富是满足不同学生不同发展的首要而又必要条件。

（一）案例：资源+支架

张丰老师在《“双减”背景下的作业改革，有4大切入点……》一文中讲述了一件事。2012年，张丰在美国访问，听过一堂德国史课。课上，老师放映了一部纪录片，片子整合了1945—1995年德国重要的历史事件与时间点。

学生一边看电影，一边在老师准备好的记录纸上做笔记，在这个过程中，老师偶尔会穿插一个问题，或做出一点解释，学生之间也会简单讨论几句。

他被老师准备的记录纸触动了。第一张纸是让学生开放性地记录电影中的时间以及主要信息；第二张纸是让学生在一个时间轴上罗列关键事件，并将美、苏、英等国对德主张的政策整理到对应的时间表上，梳理其中的逻辑与线索；第三张纸上有若干演讲词的句段，每一句段后有老师设计的“这是谁的演讲”“什么时间”“为什么”等问题。

整节课，没有听到老师的娓娓讲授，没有看到师生精彩的追问与对话，他们只是默默地观看、记录、整理并间或地讨论。老师在课堂上言语占的时间可能连10%都未必有，但学生的学习是怎样发生的呢？老师是怎样支持和促进学生的有效学习的呢？

经过思考，他总结出这位美国老师的高明之处：备课要点是准备资源和提供支架。“资源”是那部电影，“支架”是那三张纸和问题。这种备课思路，让他刮目相看。

（二）开掘学习资源策略

资源+支架，就可以构成一节能引发学生深度学习的课。其中资源功居首位，因为支架也是在教师对资源蕴含教育价值深刻理解基础上的产物。可见，开掘学习资源是教师一项重要的工作，考量着教师的教学智慧。

1. 学校开发教学资源包

为学生提供丰富饱满的课堂学习内容和多样选择的课后作业是天正小学课程与教学建设的重点内容。各学科教师围绕教材进行内容拓展，在寒暑假分别对即将开始的新学期教材内容进行拓展。经过多年的积累，学校现在已经建立起各学科资源包。“缤纷社团”校本课程、校本题库、试卷库等都为本项目的实施提供了作业内容的保障，让学生拥有更自由而广阔的学习内容、学习方式、作业反馈和自我展示的选择空间。不同的孩子可以在平台上选择自己喜欢的内容：课堂上没有学会的孩子可以利用平台微课进行自我学习，学有余力的孩子可以利用平台学习资源进行拓展性学习。

2. 教师个人开发学习资源

基于学习资源对于学生发展所具有的积极作用，我们许多老师在工作之外不怕困难和劳苦，自觉地为学生提供学习资源。张伶俐和李华老师的“节日你好”微信公众号、潘柯琪老师的“HQ的数学电车小教室”微信公众号、杭慩晴的QQ群作业、崔冬梅老师的《英语古诗诵读》、郑健老师的《校园二十四节气》……与课堂学科教学形成互补，扩展了学生的视野，培养了实践能力，促进了个性发展。从这些教师身上我们感受到他们对职业发自内心的喜爱，这正如年轻的潘柯琪老师所说，“那点疯狂的小事叫热爱”。这些老师对教育的热爱让我非常感动，有一次看张伶俐和李华团队的“节日你好”微信公众号，我忍不住在留言区写了下面的顺口溜：“节日你好”你真好，我们看了忘不了。牺牲自己休息时，大家一起攀登高。

【典型介绍1】

“HQ的数学电车小教室”微信公众号

一、产生背景

“HQ的数学电车小教室”
微信公众号二维码

“停课不停学”期间，学生在家中对着屏幕上课，短短20分钟的视频课可能无法满足不同学生不同的学习需求，所以建立“HQ的数学电车小教室”微信公众号，以丰富的教学资源、多媒体的教学内容、良好的趣味性，突破时间、空间以及人为因素的制约，促进学生自主学习和协作学习。现有三个大栏目：聪明题、童心教室（解题大作战、童心小研究）、往期精彩（补充讲解、战“疫”作品）。

二、实践策略

1. 疫情时期应运而生

为学生提供丰富的学习资源。例如配合线上课堂教学，录制补充讲解微视频；以原有的“每日一题”为基础，开设聪明题栏目；等等。

为学生提供自主展示的机会。例如聪明题讲解展示、每日作业答案分析等。

开展多样的线上活动，丰富学生居家生活。例如线上云比赛、战“疫”作品征集等。

2. 后疫情时期创生积累

帮助学生查漏补缺，个性发展。例如知识碎片讲解、聪明题等栏目，对课堂进行补充，为不同层次学生对知识再强化提供了方便。

培养学生自主学习能力。例如童心小研究、解题大作战等栏目，鼓励学生自主研究、学习并展示，激发学生学习主动性。

创新奖励评价方式，激发学生学习积极性。例如聪明题录用积分卡等。

家校沟通联系，多方合力促发展。例如开设带娃经验分享等活动。

经验推广，全校分享，进行完善和改进。

3.“双减”背景下新模式探索

建立错题资源库，定期收集学生错题进行推送，鼓励学生对错题再练习，并且举一反三，自主出题。

探索作业讲评新模式，鼓励学生自主对难题、难点进行讲评并录制成小视频，上传到平台进行展示分享。

【典型介绍2】

“节日你好”微信公众号

“节日你好”微信公众号结合传统节日，跟社区、街道、图书馆、博物馆合作，开展公益性节日活动，介绍节日习俗，呼吁更多的人参与节日活动，感受传统文化。通过读书活动引领青少年了解、积累中华传统的各个节日的诗词文化，利用经典绘本、著作对节日内涵进行深度思考，进行哲学话题讨论，等等。目前，“节日你好”的推送已达266期，订阅用户7000多人，粉丝7215人，被十多个公众号申请转载，荣获由江苏省委宣传部、省文明办、教育厅等15个省级部门联合举办的江苏省第五届“紫金奖”文化创意设计大赛优秀奖。

“节日你好”二维码

一、课程内容

共分为五大主题：传统节日、节气、遗失的节日、现代节日和国际性节日。

传统节日：春节、元宵节、二月二、花朝节、上巳节、端午节、清明节、七夕节、中秋节、重阳节、元旦、腊八节、尾牙祭、小年。

节气：立春、雨水、惊蛰、春分、清明、谷雨、立夏、小满、芒种、夏至、小暑、大暑、立秋、处暑、白露、秋分、寒露、霜降、立冬、小雪、大雪、冬至、小寒、大寒。

遗失的节日：天穿节、寒食节。

现代节日：植树节、风筝节、青年节、建党节、教师节、国庆节、中国航海日、烈士纪念日、建军节、“双11”、中国农民丰收节。

国际性节日：世界读书日、国际儿童读书日、国际劳动节、国际博物馆日、国际儿童节、圆周率日、国际聋人节、世界爱牙日、世界自行车日、世界问候日、国际妇女节。

二、众多参与

这里是孩子们的舞台：在我们的公众号里，呈现过很多孩子的书法作品、很多羞涩稚嫩的童音。有2位小小插画师，专门为我们提供主题插图……

这里是伙伴们的集结地：越来越多的伙伴参与公众号的撰写、节日活动的策划。我们坚信，星星之火可以燎原。

三、广泛影响

多次受邀走进社区，开展节日活动。受“扬子读写网”邀请，参加“百位大咖”公益讲堂——《爱上经典，品味我们的节日》专辑。为孩子们讲述节日故事，介绍节日习俗，弘扬节日文化。4节课程被“学习强国”录用。

3. 利用错误资源

学生学习错误是一个宝贵的资源，教师要充分加以利用。具体而言，一方面，教师要加强错题研究并充分利用研究成果。每位教师要对学生的错题进行收集整理，形成“错题整理单”，内容包含错题出处、错题摘录（图片）和错误分析。当学生错题积累到一定数量，教师进行分析，筛选出典型错题，编写《易错题集卷》，发给学生解答。继续重复上述行为，不断减少学生错误。在多年积累和研究的基础上，我们已经编写出各年级的《数学错题集》，这些是学生学习减少错误的宝贵资源。现在，我们正在编写《小学数学错题研究》一书，包括理论篇和实践篇两大部分。其中实践篇体例包括：典型错例、错误分析、我会解答、变式提高、我的心得。

另一方面，帮助学生用好错题本。要求每位学生都要建立自己的错题本，将自己的错题摘录下来，分析错处，进行正确解答，写收获心得，进行举一反三练习。教师和家长定期对错题本进行查看指导。

实 践 篇

学科教学智慧的课堂样态

第五章

小学语文学科教学智慧的课堂样态

《义务教育语文课程标准（2022年版）》提出：语文课程实施应从学生语文生活实际出发，创设丰富多样的学习情境，促进学生自主、合作、探究学习；关注个体差异和不同的学习需求，鼓励自主阅读，自由表达。此即“适合的教育”理念在义务教育阶段语文学科上的具体表述，是构建和实施小学语文“适合发展”课堂应遵循的准则。

小学语文“适合发展”课堂是指遵循学生语文学习规律，采用适合学生的教学方式，促进学生语文素养全面而个性化发展的课堂。该课堂教学目标“顶天立地”，教学内容丰富、饱满，学生活动自主充分，教师指导由远及近。构建和实施“适合发展”课堂的全过程都蕴含着教师的语文学科教学智慧。

第一节 “适合发展”课堂：《普罗米修斯》教学实录

《普罗米修斯》是统编版小学语文教材四年级上册的内容。本节课的基本教学目标为：与同学交流故事中最触动自己的情节，感知人物的鲜明形象和神话故事丰富的想象；对比阅读《普罗米修斯》和“燧人钻木取火”的故事，能简单交流两个故事的相同与不同之处。学生在二年级已学过《羿射九日》，对神话有一些感性认识。在此基础上，教师通过曲问，由远及近地启发学生进行深度思考，深入感知普罗米修斯的英雄形象。再以阶梯式学习任务群，引入课外阅读材料，引导学生展开充分的自主探究，初步了解神话这一文学体裁的基本特点，并通过对比阅读，感受中外神话的差异以及中国古代神话故事中蕴含的民族精神，以满足不同的发展需要。

教学片段一：我探究

师：课文只用了一句话写普罗米修斯盗火的过程，却用了整整三个自然段写他受到的严厉惩罚，为什么作者要把这样残酷的场面写得这么详细？

生1：只有这样才能写出普罗米修斯的勇敢，因为他宁愿受到最严厉的惩罚也不向宙斯屈服。

师：刚才有同学认为到天上盗取火种的普罗米修斯也很勇敢，怎么盗火的过程写得这么简略？

（无人发言）

师：看看这三个连续的动作“跑”“拿”“带”，你感受到了什么？

生2：“拿”这个词让我感觉普罗米修斯盗火的动作很快，而且他拿了火种就立刻带到人间了，用的时间很短。

生3：太阳车从空中驰过，他“跑”到太阳车那里，一下就靠近了温度很高的太阳车，拿到了火种。

生4：我觉得他盗火很轻巧。

生5：因为普罗米修斯是天神，盗火对他来说没有我们想象中的那么困难。

师：哦，盗火好像还挺容易。那再看看这三段（幻灯片出示第六至第八段，与第二段的第一句话放在一起比较），你又有什么感受？

生6：我发现普罗米修斯受到的是最严厉的惩罚。

生7：他不能动弹，不能睡觉，日夜遭受风吹雨淋，还有鹫鹰啄食他的肝脏。白天肝脏被吃光了，可是到了晚上肝脏又长了出来，普罗米修斯的痛苦永远没有尽头。

生8：普罗米修斯一心为人类盗取火种，甘愿遭受严厉的惩罚，是勇敢无私的，但是宙斯却不想人类拥有火种，还惩罚普罗米修斯，我觉得他特别自私，而且特别凶狠。

师：你还感受到了人物形象的鲜明对比。原来神也像人一样有不同的性格呢。再关注一下时间，盗火是“有一天”，时间很短，受罚呢？

生9：盗火很快就结束了，但是普罗米修斯却遭受了许多年的惩罚。

生10：盗火不难，但是他却为人类承受了长时间的而且是巨大的折磨，我觉得普罗米修斯很勇敢、无私、坚强，也很值得敬佩。

师：是呀，普罗米修斯受到的是最严厉的惩罚，时间还是这么长，这样写才最能体现他顽强不屈、勇敢坚定的英雄形象。

生11：老师，我觉得普罗米修斯好像有点傻，他为人类做了好事却遭受了这么多痛苦折磨，如果不做就不会受罚了。

师：我听出来你挺同情他。普罗米修斯做好事却没好报，太傻了，你们觉得呢？

生12：我觉得普罗米修斯不傻。他确实可以不做这件事，但他还是为人类盗取了火种，而且坚定地拒绝归还，就算受了罚也不屈服。他做了他觉得正义的事情，并且坚持到底。

师：坚持正义，不傻！

生13：普罗米修斯其实知道盗火是危险的，因为第一段说他“决心冒着生命危险”去盗火，他心里早有准备，即使傻，那也是善良的。

师：善良、正直，义无反顾，不傻！

生14：他不顾自己为人类造福，也不求什么回报，我觉得是很令人感动的。

师：无私奉献，不傻！这看似傻气的行为背后是普罗米修斯为民造福、不惜牺牲自己的奉献精神。这种精神令人动容。同学们，我们在读书时，可以像这样从不同角度去思考，深入体会人物形象，理解文章表达的内涵。

教学片段二：我思辨

师：把文章前后内容对比着读是一种很好的学习方法。不仅如此，我们还可以把这个故事和我们中国的神话对比着读。老师给大家带来了一篇小古文，先听老师读一读……老师还给大家带来了一组学习任务，由易到难，你可以有选择地完成。

（“一颗星”任务：自由朗读，借助注释和译文读懂小古文。“二颗星”任务：想一想小古文和我们学的课文有什么相同点。“三颗星”任务：再想一想它和我们学的课文有什么不同点）

师：第一个任务谁来完成？

（请了学习能力较弱的四个学生完成第一项任务。其中，一个学生读小古文，三个学生接力翻译小古文）

师：你们成功完成了第一个任务，可以给自己得一颗星。第二个任务谁来挑战？

生1：这两个神话都说了火是怎么来的。

生2：古代人创造神话故事就是为了表达他们对世界的认识的。

师：是呀，这两个神话故事都是人们对火种来源的一种解释。

生3：这两个故事里都有神，普罗米修斯是天神，“燧人钻木取火”里的圣人也是个神。

生4：我发现课文里的普罗米修斯是个勇敢、善良的人；燧人是非常聪明的，因为他看到猫头鹰啄木头会发出火光，就知道了钻木取火的道理。

师：神话故事里的人物形象鲜明，体现了人们对美好人性、高尚品德的追求。

生5：课文里的太阳是一辆车，“燧人钻木取火”里有一棵能发出火光的燧木，这让我觉得很神奇。

师：两个故事都有神奇的想象。

生6：这个燧木曲盘起来有一万顷那么大，也很神奇。

师：是呀，古代的人们对世界充满好奇，他们会想天是怎么来的，地是怎么来的，火是怎么来的，我们又是怎么来的……他们尝试用神话的方式给出解释，直到今天我们依然在探索这未知的世界。这两个神话有什么不同的地方？

生7：两个故事长短不同。课文很长，把普罗米修斯受罚的情景写得很详细。“燧人钻木取火”比较短。

生8：我觉得课文写得更生动，把普罗米修斯的善良、勇敢、顽强写出来了。燧人的故事比较……嗯……比较平淡，虽然他是圣人，但好像没有普罗米修斯那么厉害。

生9：燧人确实有点普通，不过我觉得也有可能是故事太短，还没写到他厉害的地方。

生10：对，课文里除了普罗米修斯还写到了很多天神，他们的性格也不同。

师：你们发现了两个故事表现手法的不同。

生11：课文里说火是太阳车的车轮喷出来的，而“燧人钻木取火”中，火光是燧木上发出来的。

生12：希腊神话中，火是普罗米修斯从天上盗取后带到人间的；我们中国的神话里圣人领悟了钻木取火的道理后，自己钻出了火。

师：在希腊神话里，火是普罗米修斯盗来的；但在中国的神话里，火是人们坚韧不拔摩擦出来的。这就是中外神话的不同。看，洪水来了，大禹三过家门而不入，挖河渠疏通；天上出现了十个太阳，羿跋山涉水，射下了九日；人间疾病肆虐，人们饱受煎熬，炎帝亲尝百草，治病救人。我们中国的祖先用这样的故事告诉后人，要与自然、灾难做斗争。自强不息、刚毅不屈、坚韧不拔，就是中国精神！

第二节　教学智慧解析：自主探究，充分发展

本节《普罗米修斯》，教师通过曲问，由远及近地指导学生展开深入思考，在突破重难点的同时，发展学生的思维能力；教师还设置了阶梯式学习任务群，以任务激发学生的学习兴趣，驱动学生在阅读群文的过程中展开自主探究，促使其在适度的思维负荷中获得发展。

一、迂回曲问，发人深思

斯宾塞认为："在教育中应该尽量鼓励自我发展的过程，应该引导儿童自己去探讨，自己去推论。给他们讲的应该尽量少些，引导他们发现的应该尽量多些。"[1]为激发学生的阅读兴趣，调动学生探讨问题的主动性，教师可采用曲问的方式，促使学生进行深度思考。

曲问强调"问在此而意在彼，曲折地达到提问的目的"[2]。相较于直问，这种远离目标的提问，具有引而不发的效果，有助于发展学生的思维。教学片段一中教师设计的问题看似是在研究写法，与感受人物形象的目标无关，因此刚开始学生的回答不得要领，在教师的追问下显得手足无措。此时，教师再次发问，引导学生抓住三个描写普罗米修斯盗火动作的词谈体会。这一问较之前更具体，也更靠近目标，学生较容易把握。接着，教师又引导学生将盗火的容易与普罗米修斯受到的严厉惩罚进行对比，再将"有一天"同"许多年"做比较，从而帮助学生逐步深入地体会主人公的鲜明形象。通过这种绕着弯子提问的方式，学生的求知欲被充分调动起来，能主动联系之前的阅读经验或结合自己的生活经验，想方设法地探寻问题的答案，积极地拓展思维深度，以至学生最终能大胆质疑普罗米修斯做好事却无好报的行为是否值得。这也说明学生与文中的主人公真正产生了情感交融，对人物的形象也有了更深刻的理解。

[1] 赫伯特・斯宾塞. 斯宾塞的快乐教育 [M]. 福州：海峡文艺出版社，2002：289.

[2] 张春. 新课标下钱梦龙"曲问教学法"的创新 [J]. 语文学刊：基础教育版，2010（9）：166.

每个学生都有学习的潜能，指导过程中，教师也充分发挥了这种潜能，尤其发挥了学优生的作用。因为曲问是高于教学目标的，教师先做的启发也离目标较远，所以只有让学习能力强的学生先理解后再通过交流帮助其他学生掌握，最终使每个学生都得到相应的发展。案例中，教师通过一组问题由远及近地启发学生，部分学优生很敏锐地察觉到这些问题仍与探究人物形象有着密切的关联，因此能较快切入，引领思考的方向。其他学生也在学优生的启迪下，深切感受普罗米修斯勇敢顽强的英雄形象，从而达到了教学目标。

二、阶梯任务，引人思辨

每个学生都是不同的人。他们原有的知识、能力基础不同，经验、发展需求不同，性格、习惯等在一定程度上也存在差异。为促使每个学生都能在原有基础上获得适合自己的发展，教师可设置阶梯式学习任务群，引入丰富的课外阅读材料。学生可选择适合自己的任务并完成，在群文阅读的过程中自主探究、思辨，以发展相应能力。

教学片段二中，教师出示了一组由易到难的学习任务。最基本的任务是借助注释和译文，即教材上的阅读链接，读懂小古文；难度稍高的任务是思考两个故事的相同之处；最难的则是发现两个故事的不同之处。这种阶梯式学习任务群给不同层次的学生提出了不同要求。学习能力弱的孩子基本能在五六分钟的时间里把小古文读顺，再借助注释和译文大致理解古文的含义，从而了解中国神话里“火”的来源。学习能力一般的学生读懂古文后，能继续思考两个神话故事的相同和不同之处。其中，多数学生能通过对比阅读，结合以往的阅读经验，初步梳理出神话这一文学体裁的基本特点。学习能力强的孩子快速完成前两个任务后，会花更多时间思考第三个问题，在对比中，感受中外神话的差异，探寻中国古代神话故事中传递的价值。学生在完成任务的过程中，或够一够，或跳一跳，抑或挑战一下，其中超过七成的学生完成了不止一项任务。从实践来看，虽然完成三项任务的人数依次减少，但学生对第三个任务的兴趣却有增无减，他们最终也从学优生的回答中受到了启发。

教师设置阶梯式学习任务群，引导学生自主选择合适的任务，并在任务的驱动下进行群文阅读，通过梳理整合、拓展联系、比较异同等探究活动，在多文本阅读过程中关注语言特点、意义构建、结构特征、写作方法等，从而使阅读由原有的读懂“一篇”走向读通“一类”[1]，也促使不同能力起点的学生得到适合自己的充分发展。

[1] 倪文锦. 语文核心素养视野中的群文阅读 [J]. 课程·教材·教法，2017（6）：44–48.

第三节　小学语文学科教学智慧的特点

“语言文字是人类最重要的交际工具和信息载体。”小学生入学前在家庭教育、幼儿教育等影响下，一般能运用语言文字进行日常的听、说、读、写活动，但能听、能说、能读、能写与会听、会说、会读、会写间存在显著差距。学龄前儿童听、说、读、写方面的发展是不规范、不充分、不平衡的，加之社会发展不断推动着语言的变化，对小学生掌握并使用语言文字的能力提出了更高的要求，凸显了小学生语文学习的难度。而语文课程“工具性和人文性的统一”又要求学生在语文学习中，接受优秀文化的熏陶感染，提高自身的思想道德修养和审美情趣。这就更加依赖教师的语文教学智慧了。小学语文教学智慧有以下五个主要特点。

一、制订适合学生的目标

确立适合的教学目标是上好一节课的基础，也是教师教学智慧的重要体现。为此，教师应首先钻研课程标准，尤其把握好不同学段内容目标的总体要求。其次，要钻研教材。统编版语文教材的一大特点是以双线组织单元，“人文主题”是贯穿全套教材的显性线索，“语文要素”则“包括基本的语文知识、必需的语文能力、适当的学习策略和学习习惯，以及写作、口语训练等，分成若干个知识或能力训练点，由浅入深，由易及难，分布并体现在各个单元的课文导引或习题设计之中”[1]。这样的设计加强了单元的整体性，体现了全套教材的梯度性。因此，教师应从整体上把握整套教材的目标体系，关注知识、能力等训练点是如何渗透到各册教材的各单元和每一课中的，把握了一条条循序渐进的目标线索，有助于教师有的放矢地制订每一课的教学目标。

以上目标强调的是“共性”，即每个学生通过学习应达到的基本目标，但考虑到不同学生的不同“个性”，教师还应充分了解学情，通过课上、课后的

［1］ 温儒敏.“部编本”语文教材的编写理念、特色与使用建议[J].课程·教材·教法，2016，036（011）：3-11.

观察，对学生作业、成绩等资料的分析，或对学生、家长、其他任课老师的调查访问等，明确每位学生原有的知识、能力基础，了解他们习惯、性格等方面的差异，由此设立分层目标和阶梯式学习任务，促使不同基础的学生选择适合自己的方式获得适合的发展。

二、补充丰富的拓展材料

要提升学生的语文素养，培养阅读和写作能力，只学教材内容是远远不够的。为了使不同学生获得充分发展，语文课一定要延伸到课外阅读和学生的生活中。如何选择适合的拓展材料体现着教师的教学智慧。

统编版语文教材设置了“和大人一起读”“快乐读书吧”“名著选读”等板块，将课外阅读课程化，不仅采用不同的形式推荐书目，还注重传授阅读方法，激发学生的阅读兴趣。因此，教师可从教材出发，拓展阅读材料。如，教材中的许多文章文质兼美，学生非常喜欢。教师可选取同一作家的不同文章或同一本书中适合学生的其他篇目，以引导学生积累丰富的语言；有的课文后设有“资料袋”或“阅读链接”，教师可充分挖掘此类资源，引导学生在对比阅读中拓宽视野；教师还可推荐与课文主题相近的其他优秀作品，引导学生在阅读中使用所学方法，感受、理解、欣赏、评价，锤炼并提升自己的阅读能力、审美情趣和思维品质。

此外，教师还可补充与教材有关的视频、音频材料，以更直观、生动的形式，创设良好情境，帮助学生获取知识，提升能力，提高课堂教学的实效性。为此，我们凝聚了天正语文团队的智慧，创建了与教材配套的拓展资源包，并在实践中不断丰富和完善，形成了有天正特色的拓展资源体系，以此帮助学生得到适合自己的充分发展。

三、课堂活动突显自主性

叶圣陶认为“教”是为了不教，要让学生“在繁复的事事物物之间自己探索，独立实践，解决问题”[1]。语文课堂要为学生提供充足的自主活动空

[1] 叶圣陶 . 叶圣陶语文教育论集 [M]. 北京：教育科学出版社，2015：112.

间，让学生自主阅读、自主探究、自主练习，激发其学习兴趣，发挥“小老师”的模范带头作用。这尤其考验教师的教学智慧。

2017年，天正着手构建“我课堂”，在主体上，形成学生之“我”和教师之“我”的统一体。“我课堂”中，课程内容的选择主要基于教师和学生的需要。就学生而言，“我的课堂我做主”，“我”要动眼看、动耳听、动手做、动口说、动脚走、动脑想；“我们”要合作、交流、讨论、辩论、争论；“我们”相互评价，彼此欣赏，共同进步。为确保学生的主体地位，教师应为其创设良好的环境，通过游戏、表演等活动形式，解放学生的思想枷锁，增强其主人意识，并通过鼓励、赞赏等积极的评价方式，激发学生信心，为其后续学习增添动力。总之，教师要成为学生学习的设计者、组织者、引导者、合作者、支持者、评价者和欣赏者[1]。

近年来，天正在探索构建“适合发展”课堂的过程中，基于“我课堂”改进了教师的备课思路，从教师视角转向儿童视角，从关注“教”真正走向关心“学”，课堂活动突显学生的自主探究和练习，教师只在知识、能力形成的关键点进行适当点拨和指导，以此促进学生获得自我的发展。

四、化课堂生成为教学资源

课堂上，师生、生生互动的过程中，可能会出现种种突发情况。这就需要教师“学会察言观色，耳听八方，收集学生发出的各种信息，并加以及时处理”[2]。当学生遇到困难，教师应迅速分析问题所在，或提问，或举例，或演示，总之要选取适合的方式，启发学生，破解难点。“扶”也要“扶”得有智慧，教师要灵活运用各种方法，由远及近地引导学生进行深度思考，发挥学优生的指引作用，促使每一位学生在解决问题的同时，发展自己的思维。

天正的语文课堂往往处于一种师生互教互学的状态。面对出乎意料的生成，教师要冷静地寻找学生话语中的有利因素，并智慧地将其转化为可利用的教学资源。很多学生在学习时能主动使用方法，但这一过程并不一定出于他们

[1] 王九红.用实践为“适合的教育”求解——南京市天正小学的探索[J].教育研究与评论（小学教育教学），2020（5）：34-40.

[2] 杨九俊.语文教学艺术论[M].上海：华东师范大学出版社，2020：350.

的主观意识。因此，教师要在学生混沌、懵懂之时，清晰地揭示其所用方法，引导他们回顾使用该方法的过程，并交流自己的感受，从而帮助学生内化方法，学以致用。课堂上，倾听是一种非常重要的教学智慧，是教师收集学生信息的基本途径。因此，教师应磨炼自己对学生话语的敏感性，尤其要对“异向交往话语”持宽容态度[1]，以呵护学生的创新思维。平时，教师还应注意积累自己利用教学智慧巧妙指导学生的精彩案例，及时总结、反思，把课堂生成转化为增长教学智慧的良机，促使自己获得相应的发展。

五、评价主体突显多元性

《义务教育语文课程标准（2022年版）》指出，语文课程评价应关注学生学习过程和学习进步，根据不同年龄学生的学习特点和不同学段的学习目标，选用恰当的评价方式，注重评价主体的多元与互动，以及多种评价方式的综合运用。我们经常能见到教师引导学生在朗读、习作、口头表达等方面进行互相评价。评价则建立在掌握相应知识或能力的基础上，因此通过互评，教师可把握学生的学习情况，并针对薄弱环节进行指导。

学生的自我评价也是一种常见方式。教学中，教师引导学生回顾自己的学习经历，总结经验，归纳方法，或根据一阶段的表现对自己的学业、态度等进行评价，发现进步和优点，了解不足，为下一阶段的学习做准备。

关于教师为主体的评价，近年来天正做了一些探索，建立了“小能手，正成长”评价体系，从“我好学”“我会学”“我享学”三个模块，对学生在“适合发展”课堂上的学习活动进行评价，全面关注学生语文学习态度、思维方法、学习成果上的具体表现，最大限度地激发学生成长发展的潜能，促使学生适合地发展[2]。

此外，教师还可将家长纳入评价体系，每隔一阶段，根据自己的观察，采用成长记录袋等形式对孩子的语文学习成绩、情感态度与价值观方面的发展进行评价，通过对学生行为的动态追踪，帮助学生了解自己的变化，促进他们扬长补短，追求卓越的个性化发展。

---

［1］ 张光陆 . 对话教学中的教师倾听 [J]. 全球教育展望，2011（10）：19-23.
［2］ 王九红，张婷 .“适合的教育”评价：困境，特征与实施——基于南京市天正小学的思考与实践 [J]. 教育视界，2021（4）：5.

第六章

小学数学学科教学智慧的课堂样态

《义务教育数学课程标准（2011年版）》“课程基本理念”提出：要面向全体学生，适应学生个性发展的需要，使得人人都能获得良好的数学教育，不同的人在数学上得到不同的发展。这可视为“适合的教育”理念和要求在义务教育阶段数学学科上的具体表达，同时也可作为小学数学“适合发展”课堂构建和实施应该遵循的准则。小学数学“适合发展”课堂是指遵循学生数学学习规律，采用适合学生的教学方式，促进学生数学素养全面而个性化地发展。

第一节　“适合发展”课堂:《认识周长》教学片段

《认识周长》是苏教版数学教材三年级上册的教学内容，是在学生学习了三角形、平行四边形、长方形等平面图形的基础上进行教学的。本节课的学习，可以使学生正确认识周长，初步感知周长的含义以及探索出周长的计算方法，可以为学生今后学习平面图形的周长打下坚实的基础，在学生的整个周长学习阶段起着承上启下的作用。

对图形的研究，首先要定性，为了更加准确则必须定量。长度是对一维空间图形的度量，封闭平面图形一周边线的长度就是它的周长。教师在教学“周长的认识”时，基于“精教+活学”的理念，从概念的产生、概念的构建、概念的深化三个层面，探索了周长概念教学的优化路径，通过巧妙设计，让课堂妙趣横生，采用符合学生数学认知规律的数学学习方法开展教学，助推创设适合发展课堂，努力促进每个学生适合地发展。

教学片段一

师：这是我们美丽的天正园（见图6-1），也是我们冬季进行长跑锻炼的地方。我们一起来看看每个年级的跑步路线吧。低年级学生绕着操场跑。我们是中年级学生，需要围着校园跑步。由于场地有限，高年级的哥哥姐姐们需要在校园外围进行长跑。你能指指低年级同学绕操场跑一圈的路线吗？（见图6-2）

（指名学生上前指一指）

启发：你准备从哪里出发？开始吧！

收尾：回到这里结束。

师：像这样绕着操场一周的线，叫作操场的一周边线。（板书：一周边线）你知道哪里是学校天井的一周边线吗？

生：从这里出发，这是天井的一周边线。（一边指一边说）

师：指得真细致！（课件出示：天井的一周边线）

图6-1　天正小学校园

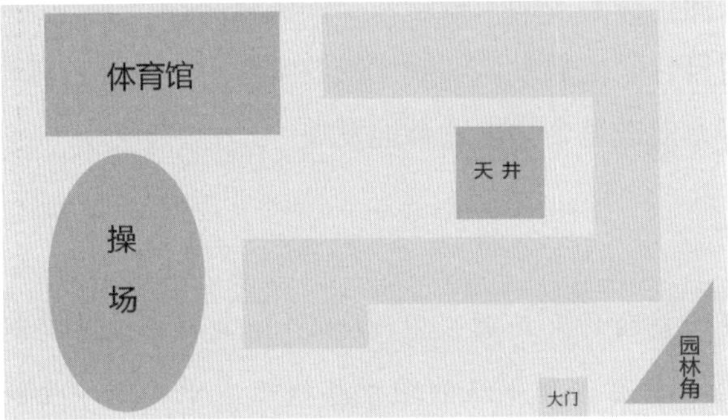

图6-2　天正小学示意图

教学片段二

师：那你们知道这些图形的周长到底是多少吗？请看活动要求。

1. 同桌商量，选择一个最想测量的图形。

2. 学生相互讨论，测量周长，并记录在学习单上。

拿出学习单开始活动（见图6-3）。

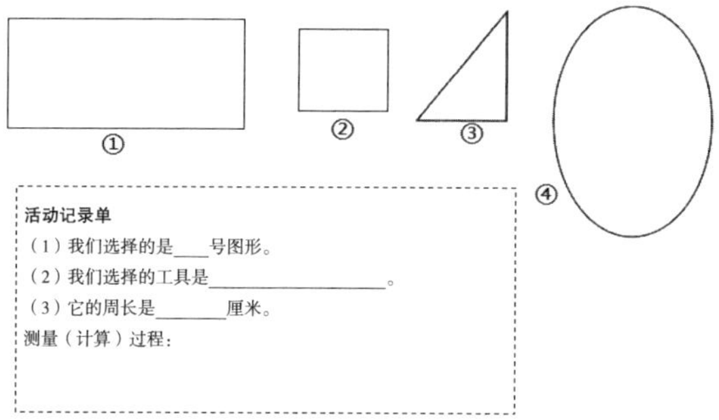

图6-3 学习单

①直边图形。

师：大家都完成得差不多了吧？

生：我还没有完成。

师：没事儿，先暂时停一下，看看大家有没有什么更好的办法。

……

②曲边图形。

师：这边同学之前说蔡老师给你的时间太短，为什么？

生：我量的是4号图形，没来得及。

师：为什么测4号图形要花这么长时间？你们好像没有选择4号图形，为什么？

生1：难测量。因为它的周长是弯的，直尺是量不出来的。

生2：因为这个图形，它的边长都不是线段。

师：一周边线不是直的，是弯的是吧？

生3：不过我倒有一个方法量出来，就是用这根绳子。

师：那我们就请你和同桌上来试试看。

（学生在实物投影下，操作演示，花了很久的时间，先绕一圈，再用直尺测量）

师：好，你跟大家说说你的方法。

生1：先用这根绳子把椭圆围起来，然后用直尺量一下这根绳子有多长。

师：有没有听明白？谁再说给我们听听？

生2：先用这根绳子包裹着这个椭圆形，在一半处做个记号，再把这段绳子量一下，然后还要乘以2，因为量的是中间。

师：要乘以2吗？你为什么认为要乘以2？

生2：因为这样子的话，是把绳子绕了椭圆的一半，所以要乘以2。

师：你说的是绕一半就够了，是这个意思吗？

生2：绕一半会更简单一些，绕一整圈就太难了，用手按不过来的。

师：是不是觉得这个办法很好？掌声送给他。这位同学想办法提高了我们操作的可行性，是不是这样？

师：看来我们刚刚都是想要通过绕一圈找到一周边线的长度，然后把它拉直，用直尺再去测量，是不是这样？这种方法在数学上有一个专门的名字，叫作化曲为直。我刚刚看到很多孩子都已经跃跃欲试了，你们是不是想尝试一下？好，同桌两人一定要相互配合。开始。

（学生再次操作）

师：大家都成功了吗？好像很多人都采用了测量一半的方法吧。

生1：一周边线长度一半的地方到底在哪里？

师：看来大家对这个问题还特别有兴趣。谁来说说看？

生2：用尺子量出它最长的长度，最长的这样一条线，就能找到一半的地方在哪里了。

生3：还可以对折，如果有把剪刀就更好了，可以先把这个椭圆剪下来，然后对折，这样你就能知道它的一半是多少了。

师：听明白了吗？好的，看来孩子们真是特别爱思考，太棒了，这样的一个操作我们可能得留到课后再来进行。

教学片段三

师：有了这样的学习，蔡老师还想考考你们，正方形操场A的周长（见图6-4），你们能迅速地算出来吗？好，有结果的举手。

生：是160米。首先1格是10米，有4个格子，就是说它的边长是40米；然后再乘以4，就是160米。

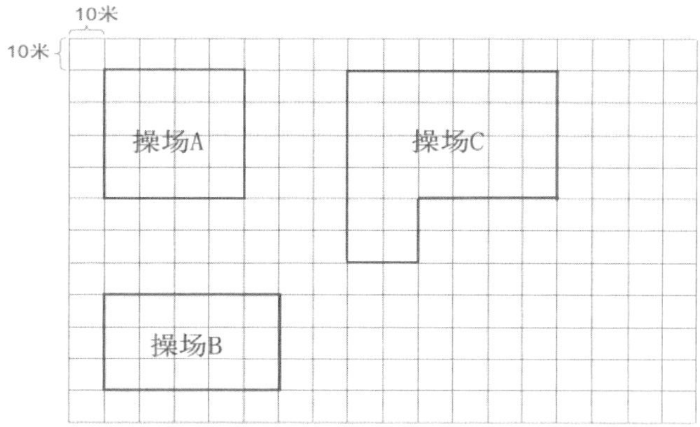

图6-4　正方形周长测量

师：说得真好，那操场B的周长是多少？

生：也是160米。宽有3格，就是30米；长是50米。（30+50）×2=160米。

师：其实我们就是在求它这4条边的和。再加大难度，操场C的周长，你们会算吗？明显发现有些同学要数半天，为什么？

生：不用数，平移就行。

师：谁来说说，什么叫平移呀？

生：把这条边移下来，把这条边移到旁边去，就变成一个正方形，接着算4×60=240米。

师：为什么想要把它给移下来？

生1：好算！这样可以凑整成一个正方形。

生2：是把一个不规则图形平移成一个规则图形。

生3：平移的好处就是这4条边全部都是相等的。

师：多么巧妙的方法啊。可以把边线移一移、补一补，将短边合并成较长的线段，再算出总长度就可以了。这样是不是可以少数几次、少加几次？“合短为长”的方法给计算周长带来了方便！

第二节　教学智慧解析：扩充内容，促进不同发展

“适合发展”的数学课堂充分体现了教学内容饱满、自主活动充分、学习效能显著等特点，其中离不开教师的“精教”——巧设情境导入、渗透数学思想，同时凭借多样的教学思路和方式，促进学生的“活学”——充分自主探究。正是因为坚持因材施教，才能满足学生的学习发展需求，促使学生得到个性化的终身发展。

一、巧设情境导入

古人云：“开卷之初，当以奇句夺目，使之一见而惊，不敢弃去。”由此想来，一节数学课若有精彩漂亮的开端，便足以奠定课堂教学的良好基础。课堂导入是教学活动中不可或缺的一部分，设计多元、有效的导入环节，可以有效激发学生的学习兴趣和求知欲望，更好地促进学生自主学习，引领适合发展课堂的积极展开，同时提升学生的抽象思维能力。

鉴于小学生形象思维占主导，教师需要运用教学智慧，为其创设生动具体、贴近生活、丰富多彩的情境，可通过视频、图片、故事等方式呈现，让学生身临其境，从而更好地聚焦课堂、习得知识。此外，教学情境仍需符合教学目标、教学内容、学生学情的要求。

在第一节中，通过创设校园冬季长跑、介绍各年级段跑步路线的情境，利用课件动态演示，并让学生指出低年级学生绕操场跑一圈的路线，自然引入“一周边线”的概念。整个教学环节的设计，在努力地把学生所经历的现实生活资源转变为数学教学资源，真实地让学生体验到数学是从生活当中抽象出来的，激发了学生兴趣的同时，又有效利用了学生的认知经验，使学生切实感受到数学来源于生活，应用于生活。

二、渗透数学思想

《义务教育数学课程标准（2011年版）》指出：“课程内容……它不仅包

括数学的结果，也包括数学结果的形成过程和蕴涵的数学思想方法。”数学思想是数学知识的高度抽象与概括，是解决数学问题的利器，是知识向能力转化的桥梁。数学思想方法始终在为数学学科学习而服务，其依托于数学学科而存在，蕴涵于整个数学学科发展的历程当中。由此可见，数学思想在小学数学教学当中是具有重要应用意义和实践价值的。因此，每位教师在数学教学中，要重视数学思想在课堂教学中的融入，智慧地让数学思想贯穿教学始终，从而养成良好的学习习惯，更深入地感悟到数学学科独有的魅力。

教师通过将数学思想方法融入概念教学、问题分析以及知识巩固等环节当中，可以更加全面、细致地将数学知识展现在学生面前，提升数学教学水平，高质、高效地完成教学任务，为学生今后的长远学习打下坚实的基础。比如：数形结合思想是数学当中常用的思想之一，常用于解决一些较为复杂、抽象的数学问题；极限思想能够帮助学生在学习数学的过程中有一个清晰、完整的思路和对数学的正确理解和认识，能够让教师带领学生深刻认识到数学的奥妙，对数学的理解能够提升层次，让学生充分感受到数学的乐趣所在。

此案例的教学过程中，教师通过精心的设计和引导，不仅要让学生理解周长的含义，还要让学生掌握一些数学方法，感悟一些数学基本思想，积累一些数学活动经验。像是根据图形的一周边线是有直有弯的，可以对图形进行分类——分类思想主要应用于梳理复杂数学信息问题，将信息进行有效归类，让结果看上去更加明显，简单易懂；像是通过毛线将周长“化曲为直”，通过平移的方法将不规则图形的周长计算变得简便——化归思想，就是指能够实现转化和归结，化归思想使得解决的问题或未解决的问题通过转化为简易方式进行解决或促进其解决；像是比较长方形分成甲、乙部分的周长时，体现了一一对应的数学思想；像是计算长方形周长时有不同的方法，体现了方法多样性的数学思想……这些思想的发散、渗透，很好地激发了学生的学习兴趣，对提高其思维能力具有重要的意义。

三、充分自主探究

随着新课程改革的不断发展和实施，实现教师的角色转换理念走进了教育的各个层面，包括天正小学的“适合发展”课堂。学生是课堂的主体，教师是整个教学活动的组织者、引领者和促进者，教师的智慧体现在能够充分发挥学生学习的主动性和主体性，尽力调动学生参与课堂的积极性，激发学生的数学思维，使教学活动成为生成教学智慧和增强实践能力的过程，让学生学得精彩。这样，数学知识才能得以升华，形成学习能力，课堂教学才能精彩，学习效能才能显著。

在教学中，首先要坚持自主探究，为学生营造自主探究的空间。教师要根据学生认知水平和学习能力，积极创设问题情境，调动学生的求知欲望，设计自主探究环节，培养学生的问题意识，通过小组合作等方式激发学生思维，使其能全身心地投入课堂学习中，自主解决问题。其次要注重培养学生自主学习的能力。在学生拥有了自主学习能力后，就会自己去探索数学知识。教师在旁边只适当地给予提醒即可，把探究的机会完全让给学生，允许他们自主探寻，找寻解决问题的有效办法。

（一）自主探究出真知

第一节中的教学片段二，教师呈现了学校示意图中的几个图形，包含直边图形和曲边图形，放手让学生探究各种图形周长的测量方法。学生在自己的动手操作、交流体验中发现，直边图形可以用直尺测量各边的长度，然后加起来就是周长；曲边图形不方便用直尺直接测量，可以借助毛线环绕后测量毛线的长度。学生在活动中积累了测量周长的活动经验，进一步加深了对周长的理解和认识。

（二）自主探究促发现

值得注意的是，课堂中在交流曲边图形周长测量的时候，学生的讨论十分精彩、教师的应对也十分机智。全班交流过程中，当学生在用毛线“困难”地绕椭圆一圈时，有学生提出“乘以2”的奇思妙想，教师并未就此误会学生是从长方形周长计算中产生“负迁移”而加以抑制和贬斥，相反是因势利导，追问学生原因，进而才有了“绕椭圆的一半，再乘以2求周长”的不同想法。接下去教师继续引导学生深度学习，再次体验测量椭圆周长的方法，又有了“如何准确找到一半”的激烈讨论。教师也未立即给出答案，而又循循善诱，不露声色地点拨，启发学生自己思考。此时班级里学习热情高涨，使课堂教学步步深化。教学中，只有教师给予学生充分的自主探究机会，学生才可以真正地动手操作，在获取感性认识的同时，有不断发现问题、提出问题、解决问题的机会。这些数学问题非常有价值，因为它们不是由教师提出来的，而是学生自己发现并提出的，更重要的是，他们自己解决了这些问题。正是由于教师及时把握住了这一良机，才掀起了课堂生成的高潮，使得学生的创新能力和创造潜质得以充分发挥，很好地培养了学生的问题意识和学习能力，提升了数学核心素养。

第三节　小学数学学科教学智慧的特点

小学生数学学习一方面具有人类数学学习的共同特点，另一方面又具有独特性。小学生数学学习的独特性是小学生心理发展阶段性特征与数学知识特性共同作用的结果。中国小学生年龄一般是6～12周岁。其思维发展的基本特点是以具体形象思维为主要形式，逐步过渡到以抽象逻辑思维为主要形式。但是这种抽象逻辑思维在很大程度上仍然与感性经验相联系，具有很大成分的具体形象性。小学生的这种认知特点在遇到数学知识的高度抽象性和严密逻辑性时，就更加凸显了学习的难度，对教师教学智慧的依赖更加凸显。小学数学教学智慧有以下四个主要特点。

一、设计上更加突出趣味性

在学习内容的引入上，富有教学智慧的教师往往会创设疑趣情境，激发学生参与热情。较之于说明文、议论文，小学生更喜欢记叙文，所以，将数学故事化、情境化是小学数学教师教学智慧的重要体现。好故事应具有悬疑性，不仅可以引领着学生不断深入探索，使他们欲罢不能，还可以激活他们的经验和旧知。在维持学习动力上，小学教师更喜欢、更善于利用小学生的好胜心。他们常常用“闯关”“夺红旗”“开火车”等游戏来“包装”那些枯燥乏味的练习。

二、现场执教上更多随机应变

因为小学生的数学学习刚起步，数学知识积累比较少，数学思维水平比较低，他们的思维大多和生活经验相联系，往往天马行空，无拘无束。例如，我们在黑板上画一个圆圈，然后问是什么，很多小学生会说是“太阳”“月亮”“烧饼”“0”……答案五花八门。中学生可能只会说它是一个“圆”或“0”。小学生的这种思维状况要求教师在课堂上将学生的“生活概念”引导转化为“数学概念”，将“一放就乱”的局面机智地收拢回学习主题。教师要善于“接话”，要像一位太极高手那样，接得住来自四面八方、五花八门的招式，然后随心所欲地回应——快慢有别、抑扬顿挫、刚柔并济、软硬兼施。

三、方法上更灵活地“扶”学生

小学数学教学重在打好基础，知识教学速度不能太快，要在加强“双基”的同时发展思维品质，培养学习兴趣。教师应善于蹲下身子，以小学生的眼光来审视数学学习，设身处地地为其着想，当学生达不到要求时，及时出手相助，垫台阶，搭“脚手架”。对于小学生而言，成功是成功之母，过多的失败、挫折会导致他们厌学、惧学。要善于利用学生的生活经验和感性材料来帮助学生摆脱数学的抽象性障碍，通过实物演示、图示和学具操作，在学生头脑中留下表象，为思维预演提供支持。在法则教学时，可以用一些顺口押韵的语言来概括，既凝聚思维过程，又帮助记忆。例如：教“凑十法”时，可说“看大数分小数，凑成十加余数”；画平行线就要“一贴二移三画”；等等。

四、调控上注重形式化动作和语言

在课堂调控上，小学（特别是低年级）教师往往注重一些形式化的动作和语言。例如，遇到课堂混乱的情况，教师会通过有节奏地拍掌来使课堂安静。学生注意力分散时，教师会采用“对口令”的方式来组织学生，师说“小眼睛——”，学生则对“看老师（看黑板、看书本等）”。在表扬学生时教师会带头拍掌，大家跟着拍掌说：“棒！棒！你真棒！”布置任务时，教师会说：“火车火车谁来开？”学生则会争着说：“我来开，我来开。”这些方式都顺应儿童心智发展阶段性特点，是小学数学教师教学智慧的独特表现。

第七章

小学科学学科教学智慧的课堂样态

小学科学课的性质包含了基础性、实践性及综合性，其中探究活动是学生学习科学的重要方式。学生通过更多自主选择的学习空间和充分的探究式学习机会，逐步培养提出科学问题的能力、收集和处理信息的能力、获取新知识的能力、分析问题和解决问题的能力。我们倡导学习者在学习过程中运用合作探究的学习方式，在获得知识的同时，清楚地知道在真实世界和实际情况中如何运用这些知识，最终能够使知识保持长久。对于合作探究学习，本章以四年级上学期一课中的部分教学环节为例来呈现。

第一节　“适合发展”课堂：《不同的运动》教学片段

《不同的运动》是苏教版科学教材四年级上册第二单元《物体的运动》的第二课。本课通过让各种物体运动起来，观察物体前进、后退、转弯、旋转、滚动、振动、绕圈等各种不同的运动形式，描述其特点，用图示、文字等方式描述物体运动的状态与过程。四年级学生在生活中已经对物体的运动有了不少体验，也知道一些物体的运动形式，但是缺少对物体运动方式、运动形式和特征的细致观察和分析。本课教学要从常见运动的运动轨迹入手，引导学生了解运动具有直线运动、曲线运动等不同的方式；再结合具体的生活实例，让学生知道直线运动、曲线运动有着不同的形式和特征；在此基础上，引导学生观察，发现在一个物体运动的现象中，往往包含了两种或两种以上的运动形式。

从学生的年龄结构和心理特征来看，四年级的小学生对一切事物都充满好奇心，随着年龄的增长，也开始具有一定的观察能力和分析能力。在教学过程中，教师应有意识地引导学生训练这方面的能力。下面从几个片段去分析展现。

教学片段一

师：大家看，屏幕上这位小朋友在干什么？

（播放教师请这个班级的某一位同学提前录好的小视频）

生：×××在玩滑梯。

（通过熟悉的人物一下子就抓住学生的注意力，学生学习的热情被调动了起来）

师：他旁边的红色线条和箭头分别代表了什么呢？

生：线路、方向。

师：你们观察得很仔细，这里的红色线条是代表×××同学滑滑梯的路径，箭头代表运动的方向。运动物体通过的路径就叫作运动轨迹。谁能试着画一画下面几幅图的运动轨迹？（请学生到讲台上画）

（通过前面的例子，学生能够画出来，同时有一些不足会出现：忘记标示方向。这时再次强调，听课的效果会更好）

（学生上台演示）

师：请对照四幅图的运动轨迹说说，你有什么发现？

生：走过的路线不一样。

生：都是从上到下的。

生：有的是直的，有的是弯曲的。

师：你能帮它们起“名字”吗？

生：运动轨迹是直线的运动叫作直线运动，如电梯上的人的运动、苹果落地的运动；运动轨迹是曲线的运动叫作曲线运动，如风车的转动、铅球的斜抛运动。

（大胆地用自己的语言去概括观察到的现象，这是教师想让学生在科学课堂中学会的能力）

【**教学分析**：教学“情境的选择”从身边入手，一开始小朋友玩耍的滑滑梯带动了孩子的热情，接着出示路径图，由现实到科学认知引导学生进行自我学习，总结运动轨迹分两种，学习过程是“活跃”的。与学生通过语言的互动，探究学生的已知生活经验。在科学教育中，语言虽然不是学习的第一目标，但在科学探究活动中，同学们在猜想、讨论、交流的同时却可以逐步提高语言能力。在科学教学中，要让学生的所思所想能完整地表达出来，就必须让学生学会说，懂得说的方法，同时也要有说的勇气，敢于在众人面前发表自己的意见；既不怕说错，也不怕说不完整，而且能够做到声音洪亮、语言清晰、条理性强。这些要求在科学探究学习的课堂环境中显得尤为重要。】

教学片段二

师：首先请大家比较这几幅动态图，根据它们各自的运动特征来起个名称吧，并说一说它们的运动轨迹是什么样的。可以一边玩一边思考。

生：汽车能前进、后退。它们的运动路径是直线的，属于直线运动。

生：荡秋千是上下来回动的。

生：弹直尺的运动方式也是上下动的。

师：通过你们的描述，荡秋千、弹直尺运动是一样的？

（当我把这个问题抛出时，其实大部分学生已经用手指在空中模拟荡秋千、弹直尺的运动轨迹。他们有自己的发现，一部分学生觉得这两个运动只是方向上的不同，另一部分学生认为它们不一样）

生：不是的。（学生一边说，一边用手在空中比画）我给荡秋千的运动方式起名字叫摆动，给弹直尺的运动方式起名字叫振动。

（上面的运动方式相对来说比较单一、直观，学生可以说得出来。下面的三种运动方式是复合式的，生活中常出现，但让学生来概括有一定的难度）

师：（出示驴拉磨、玩陀螺、滚铁圈）它们的运动方式是什么样的？

（有了上面荡秋千、弹直尺的经验，学生再面对这三种运动时已经站起来，用自己的肢体去模拟它们运动的方式，有的自己转来模仿玩陀螺，有的围着小伙伴转动来模仿驴拉磨，有的拿出胶棒在地上滚动来模仿滚铁圈）

生：驴拉磨、玩陀螺、滚铁圈都转圈圈。

生：除了转圈圈，它们各自还有不同。驴拉磨是驴围着磨转；玩陀螺是自己围着自己转；滚铁圈是一边转，还一边往前跑。

生：我自己和同伴来模拟一下给大家看。

【**教学分析：**创设问题情境，让学生们敢于说。在科学探究中，若要让学生尽快地进入角色和探究主题，教师就需要做好充分的课前准备。教师根据教学目标，创设一个个生动的教学情境，激发学生的探究欲望，让学生有疑、有惑、有思、有想，引发学生的探究兴趣，从而让学生大胆地做出猜测，让他们敢于将自己的想法说出来。对于运动形式的认识，他们通过对单元目标的分析，利用所查阅的关于机械运动的资料，发现本课的重难点是了解机械运动的方式，也就是机械运动中运动的描述。学生在理解了运动形式后才能够用简单的图示表示物体的运动轨迹；在理解的基础上融入认知结构，做到知识与现实连接。】

第二节　教学智慧解析：自主探究，次第展开

素质教育时期，学生的学习能力与核心素养成为重要的教学目标，小学科学作为综合实践性较强的教学科目，开展探究式活动教学，能够加强学生的合作沟通能力，激发学生的探究思维，锻炼学生的组织协调能力，提升学生的综合学习水平。本节结合当前小学科学课堂教学现状，分析合作探究教学的实际意义，研究合作探究式教学的有效应用方法，期望在为学生创设良好的学习环境的同时，激发学生的创新精神与思维探索能力，保证学生的综合学习素养与学习水平的不断发展与提升。

一、有层次地开展探究活动

《不同的运动》的教学目标是让学生通过绘制运动轨迹，知道直线运动、曲线运动是两种常见的运动形式；能够比较出不同的运动形式，了解其运动的特征，并利用身边常见易得的材料做出不同形式的运动，获得不同运动形式的真切体验；能够从观察到的生活中的运动现象分析其运动形式。教学从浅层往深层进行过渡。在教师的引导下，学生能选择恰当的方法，观察并描述对象的运动现象及特征；能依据证据运用分析、比较、推理、概括等方法，得出结论；能对自己的探究过程、方法和结果进行反思，做出自我评价与调整；在科学探究中能以事实为依据，不从众，不轻易相信权威与书本；面对有说服力的论证，能调整自己的观点；乐于尝试多种材料、多种思路、多样方法，完成科学探究，体会创新乐趣。

二、关注学生自我探究

人的深度学习是一种整体的学习状态，是学习者全身心投入的过程，因此在课堂中从观察运动轨迹，到认识各种运动形式，并能够画出各种运动轨迹，这样课堂中的思维过程就有了。

解决实际困难，帮助学生们准确地进行语言表达。三四年级的学生年龄比

较小，口头语言表达能力有限，有时心里明白是怎么回事，但是难以准确地表述出来。所以在教学中，教师要想办法将一些比较细小、比较抽象的概念具体化、形象化。另外，还要想办法解决学生说的障碍，帮助学生们准确地表达。

学生的自我探究离不开对生活的观察，他们在有了一定的生活经验的基础上，利用所学的科学知识去探索，或对知识进行结构化的理解。在本课中，通过图示表示路径的学习任务单的完成，表明学生能将认知内化成自己的学习成果。为了学习更深层的知识，引导学生通过练习使用物品做出各种形式的运动，让学生在一步步自我探究的路上获得学习的快乐。学习的最后，再次聚焦生活中关于运动的例子，具体问题具体分析，让学生在自我探究过程中提高科学素养。

第三节　小学科学学科教学智慧的特点

科技水平的进步与信息化的发展，拓宽了人们获取知识和信息的途径，让人们体会到了科学技术的重要性，普及科学知识不仅成为社会流行趋势，也让现代化教育有了更多的发展空间。小学科学作为重要的科学教育普及科目，合理使用合作探究式教学手段，能够充分激发学生的学习好奇心与求知探索欲，满足学生的学习需求，培养学生的自主学习意识，提升小学科学课堂教学质量与教学效率，保障小学科学课堂教学的有效性。

一、组织与实施合作探究式的实际教学意义

实施探究教学理念属于将理论实践教学手段充分应用到课堂教学的教育方法。小学科学课程作为一门比较科学、严谨的科目，应用合作探究教学模式能够培养学生严谨的逻辑思维能力。在教师充分了解课程教学需求与合作探究教学方式的基础上，利用丰富的科学实验教学活动，帮助学生掌握科学的理论知识与实验原理，丰富学生的科学理论知识，提升学生的科学文化水平，促进学生学习素养与综合能力的提升。现代化教育发展背景下，组织与实施小学科学课堂合作探究式教学，不仅能够充分满足教学创新发展理念，也能够尊重学生的个性化差异，确立学生的学习主体地位，培养学生的良好学习习惯。利用科学、合理的教学手段培养学生的探索学习能力，提升学生的自主学习意识，也有助于学生未来更快地适应社会发展环境。小学科学教学内容比较锻炼学生的思维发展意识，教师可以利用一些先进的课程教学设备与教学方式，结合合作探究式教学方法，将原本相对枯燥的课本知识进行内容与思维能力拓展，在有效规划课程教学思路与把握课程中心教学思想的同时，为学生展示多元化的教学内容或者为学生创设情节丰富的课堂教学情境，调动学生的学习积极性，引导学生主动探索科学知识，从而充分锻炼学生的实践动手能力，丰富学生的知识视野，提升学生的综合学习能力与科学

核心素养。[1]

二、在小学科学课堂教学中合作探究教学的组织与实施

（一）明确教学目标，确立学生学习的主体地位

素质教育时期，学生的自主意识不容忽视，明确学生的学习主体地位，充分尊重学生个体差异性，能够培养学生的核心素养。在实际教学期间，教师需要根据学生的实际情况进行教学计划的制订，在保障课程教学质量的同时，培养学生的团队合作意识与探索能力，利用课程教学活动，调动学生的学习积极性，提升学生的学习水平。小学科学课程教学期间，合理使用分层教学方法，能够维护学生的学习感受，满足学生的实际学习需求。根据学生们的学习兴趣爱好，适当在课堂教学过程中开展一些丰富的教学活动或者小游戏，不仅能够为学生营造浓厚的科学知识学习氛围，还能保障合作探究教学的有效性。

小学科学课堂教学期间，想要充分发挥合作探究教学的实际作用，可以根据课程内容进行详细的组织计划，方便教学的有效实施。例如：在教学备案设计过程中，小学科学教师可以设计一些有趣的互动小游戏进行课前引导，这有助于充分调动学生的学习探索欲望，同时也能为课程教学内容进行铺垫，方便学生快速掌握知识重点。另外，加强学生与学生之间的互动交流，也能发挥合作探究式教学的作用。教师想要确立学生的学习主体地位，可以为学生准备一些充满趣味的科学小实验，或者为学生展示一些类似“魔术”的科学实验。这不仅能够让学生在学习探索过程中感受科学知识的神奇魅力，也可以让学生进行自主探讨和研究，在不断交流与互动中了解其他角度的学习观念，进而吸收其他同学对知识的理解，保障小学科学课堂的教学质量与教学效率。

（二）尊重个体差异性，实现合作探究教学目标

小学阶段的学生虽然对于未知事物都比较好奇，喜欢探索新鲜事物，但是由于每个学生的基础水平不同，对于合作探究学习的接受程度也不同，想要在小学科学课堂教学期间精确地组织与实施合作探索教学，教师不仅需要了解学生的实际学习水平，也需要满足学生的实际学习需求，在照顾学生个体差异性

---

［1］ 黄学龙．小学科学课堂合作探究教学的组织与实施 [J]. 高中生学习，2018（7）：251.

的同时，锻炼学生勇于探索的精神与克服困难的勇气。小学生虽然价值观并没有完全建立起来，但是对于外界与情感还是比较敏感的，尤其能敏锐地感受教师对他们的态度。教师稍不注意就可能给学生带来不小的自信心打击。为了保障课堂教学质量与教学效果，教师应关注学生的学习表现，尊重学生的学习主体意识，有效建立学生的学习自信心与成就感。在课堂活动探究游戏开始之前，教师可以提前做好教学准备，以学生的学习能力为基础做好划分。当然，也可以让学生自主选择合作方式，尽量采用鼓励的态度尊重学生的选择，循序渐进地引导学生主动参与合作探究教学游戏；根据课程教学内容创设一些充满生活气息的教学情境，帮助学生快速适应课堂学习氛围，引导学生主动观察并思考生活中遇到的一些有趣的或者与科学实践内容相关的情境；通过小组间的探讨与交流，还原科学原理，丰富学生的学习体验，锻炼学生的语言组织能力与科学知识总结能力。多元化的教学计划内容，不仅丰富了学生的学习感知，激发了学生的创新思维能力，也提高了学生的综合学习素养与学习水平[1]。

（三）丰富课堂教学内容，加强小组合作探究

小学科学教学内容比较丰富，但是其中的科学实验一般比较简单，学生理解其中的知识概念后容易失去学习兴趣。小学科学教师应当保持创新教育理念，积极学习先进教学方式，丰富课堂教学内容，以便激发学生的创新意识，提升学生的学习水平。例如：在有关静电知识的教学过程中，教师适当进行创新改良，摒弃传统、单一的纸片实验游戏，结合一些创新元素，丰富课堂教学效果。开始课堂教学之前通知学生准备好所需的实验道具，方便课堂教学期间为学生展示不一样的科学实验游戏活动，充实学生的学习体验。首先，在课堂教学的导入阶段，教师可以利用一些简单的小实验，为学生展示静电的“魔力”，吸引学生的注意力，帮助学生初步了解并体会静电的实际作用。其次，当学生具有一定理论基础后，引导学生开展小组合作活动，以了解静电的特性，为活动主题进行小组合作交流。小组内成员自主探讨并思考手中不同道具的实际作用，通过合作与交流、探讨，设计出属于小组的个性化静电实验。实验探究期间，学生可能会遇到较多的学习问题，教师适当给予指导或者纠正，

[1] 李居祥．小学科学课堂合作探究教学的组织与实施方法浅谈 [J]. 小学科学（教师版），2019（003）：113.

能够有效锻炼学生的沟通、合作、探索与动手实践能力，也有利于维护学生的学习主体地位。最后，展示不同学习小组的实验成果，为学生深入讲解静电实验的核心知识与实验期间遇到的问题，并指出一些学习误区。当然，针对学生实验的细节内容，教师也需要肯定学生的创意，并给予适当的奖励，激发学生的积极性。关于学生实验积极性较低，或者比较缺乏创新的学习成果，教师也需要注意点评态度，避免教学态度过于严苛，打击学生的学习自信心，影响学生的学习心态。

（四）融合多媒体教学技术，提升课堂教学质量

现代化教学技术水平的发展令小学科学教学内容更加丰富。合理运用一些多媒体教学技术不仅能够丰富课程教学知识，拓展实验教学内容，也能够提升课程教学效率。例如：小学科学课程教学期间，教师可以利用多媒体教学课件为学生展示一些成熟、完善的科学实验，帮助学生进行总结、对比。对于学生来说，观看和自主完成实验的体会是具有较大差异性的。当学生观察与了解实验内容后，教师可以让学生在原有实验的基础上，进行一些创新与优化，指出实验中的一些问题。培养学生的质疑能力，拓宽学生的眼界，方便学生形成创新学习思维，有助于学生未来收获更多学习素养。

综上所述，小学科学课程作为综合性教学科目，本身具有实践性、开放性等特点，在教学过程中积极组织科学学习活动，实施创新教学理念，能够有效满足学生的学习需求，提升学生的学习积极性。给予学生充分的思考与交流时间，让学生在合作探索的过程中掌握科学知识，有助于学生学习能力与核心素养的提升。

第八章

小学体育学科教学智慧的课堂样态

《国家中长期教育改革和发展规划纲要（2010—2020年）》明确提出“以人为本”的教育理念，主张“尊重教育规律和学生身心发展规律，为每个学生提供适合的教育”。《义务教育体育与健康课程标准（2011年版）》也明确提出：“在保证国家课程基本要求的前提下，充分关注不同地区、学校和学生之间的差异，各地区和学校要根据课程目标及课程内容，因地制宜，合理选择和设计教学内容，有效运用教学方法和评价手段，努力使每一位学生都能接受基本的体育与健康教育，促进学生不断进步和发展，最终保证每一位学生受益。”以上两点从国家教育宏观政策层面、学科具体操作层面分别表述了“适合的教育”理念和要求在小学体育教学中的具体反映。将体育教育教学活动切实落实到发展每一位拥有不同特点和个性的学生身上，满足学生的成长需要，将适合的学习方式传授给学生，让学生在适合的教育下成长为最好的自己，需要一线体育教师充分利用自身教学智慧，根据教材及学情，合理设计并有效实施课堂教学。

小学体育“适合发展”课堂是指在体育教学中要以人为本、因材施教，关注每个学生的生理、心理特点，有针对性地采取适合学生的教学方法，培养学生的自尊和自信，促进每一位学生更好地发展。

第一节 “适合发展”课堂：《耐久跑》教学片段

体育课堂教学中，教科书及教师的教学设计与学生的实际情况不尽相同，存在着供给与需求不一致的情况，教师应在参考教科书的前提下，尽可能多地考虑学生的身心发展特点，有针对性地设计教学内容，有效解决教学重难点，帮助学生获得知识与技能。

以人教版《体育与健康》（5至6年级全一册）中的《耐久跑》一课为例。五年级耐久跑学习内容是在三、四年级的基础上，使学生改进跑的动作技术，重点学习途中跑的技术和呼吸节奏与跑的节奏配合，以及怎样合理分配体力。教师通过调查问卷发现，学生虽然喜欢跑步，但大部分认为耐久跑教学枯燥乏味、无趣，运动强度较大，他们不能正确掌握呼吸方法，因而对该教学内容较为抵触。

教师根据学生学情，将教学目标设定为：①学生能说出耐久跑时途中跑的呼吸方法和动作要领。②在小组合作学练中，80%的学生能运用两（三）步一呼、两（三）步一吸的呼吸方法，配合跑步节奏进行耐久跑，坚持跑完全程；20%的学生能努力克服身体疲劳坚持耐久跑练习，发展耐力素质和跑的能力。③学生积极克服身体和心理上的困难，培养不怕困难、坚持到底的精神。

为了避免耐久跑枯燥、无味的情况，教师借助游戏、多媒体技术以及多彩腰带等辅助器材。教师设计快速反应小游戏，让学生理解腰带颜色与组别的关系，以吸引学生的注意力。通过跟音乐慢跑及韵律操的充分热身，开始本节课的内容学习。

教学片段一：跟音乐节点找准耐久跑呼吸节奏

师：慢跑过程中你们一般每几步交换一次呼吸？

生：两步一呼、两步一吸；三步一呼、三步一吸；等等。

师：在耐久跑中一般采用两步一呼、两步一吸或三步一呼、三步一吸（见图8-1）。

图8-1　耐久跑

（教师示范跑两个单步保持吸气，组织学生练习原地摆臂配合呼吸及原地慢跑配合呼吸，然后用两步一呼、两步一吸的方法跟着音乐的节奏进行慢跑。教师关注每个人的呼吸节奏，并表扬学以致用的同学。学生跟排头踩着音乐节奏慢跑，并在节点提示下准确找到自己两步一呼、两步一吸的节奏。教师点评学生动作，表扬口鼻呼吸配合得好并准确找到节奏的学生。被表扬的同学领取能量丝带）

师：红1能有节奏地跟着音乐摆臂与呼吸，奖励一根丝带；蓝3嘴巴微微张开，口鼻配合呼吸；黄5和前面同学间距保持合理；粉6跑步节奏匀称，踩准音乐节点。

师：跟着音乐，踩着节奏，保持现有速度，保持步频，保持呼吸，加油慢跑，还有1分钟。

（学生根据老师的话，改进与调整自己的动作）

师：大家累不累？

生：不累。

师：但是老师累了，大家知道为什么吗？

生1：老师一直在说话。

生2：老师你跑跑停停……

师：（总结）跑步过程中，我们除了关注自己的呼吸节奏，还要注意动作与呼吸的配合。

（教师示范，学生观察：教师上体是什么样，手臂是什么动作，步伐是匀速还是不同速度。教师提问关于上体、手臂及步伐的动作方法，学生积极回答。教师奖励回答问题的学生一根能量丝带，组织学生共同学练，并进行“三步一呼、三步一吸”的方法教学。学生跟着音乐，踩着节奏，准备找到三步一呼、三步一吸的方法）

师：（点评）所有同学都非常棒，每位同学获得一根能量丝带，补充能量，以更好地进入接下来的学习。

教学片段二：计时跑打卡，熟练运用呼吸和动作节奏配合

师：围绕操场进行计时跑6分钟打卡，在规定时间内看哪一组杆子上贴的丝带最多。

生：在排头的带领下，慢跑至相应底盘位置将杆子插进去。面对箭头方向站好，跟随音乐，踩着节奏进行慢跑。每一次经过本组杆子的时候，第一位同学将腰带上的一根丝带贴在自己小组杆子上，然后跟在队伍最后面跑；下一名同学当排头。如果整个小组速度较快，可以从前方队伍右侧进行超越。

生：分组在排头带领下，跟170bpm（每分钟节拍数）音乐节奏，有序进行计时跑6分钟练习，充分运用所学知识要点。

教学片段三：内外跑道线练习关注体能差异

师：告知学生有内外两个跑道（见图8-2），在外跑道跑步过程中，如果感觉有困难，可以在注意安全的情况下跑进内圈，调整跑步节奏；等调整过来，再继续加入外跑道队伍。

生：依次当排头，引领队伍前行，培养责任心。

师：跟着学生同时跑动，用自身行为去影响、激励学生。

生：消除畏惧心理，树立信心，勇敢挑战自我。

师：关注外圈的同时，重点关注跑内圈的学生，并粘贴紫色能量丝带，教会他们调整方法，鼓励学生积极面对及调整克服，坚持完成全程跑。

生1：在跑动中，因为个子小，体能弱，找不准呼吸节奏，造成岔气。

师：通过语言引导呼吸，激励学生调整呼吸节奏，调整速度，并给予学生能量丝带，鼓励学生坚持。

生2：因为体型过胖，难以坚持跑完全程，跑进内圈，有些沮丧。

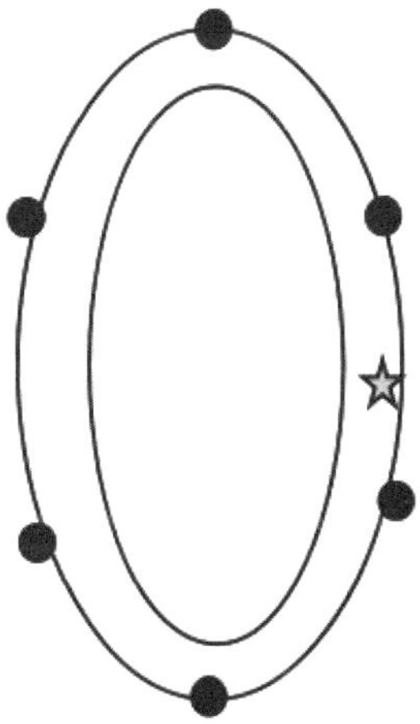

图8-2　两个跑道

师：通过陪跑的方式，以身示范激励学生，引导学生运用正确的动作继续坚持练习。

生：在教师鼓励下进行内圈调整后及时回到队伍继续练习。

师：通过“我行，我能行；××班，加油”进行语言激励，鼓励学生克服困难，坚持跑完全程。

教学片段四：亲身体验“极点”，理论知识巧讲解

师：在刚才的慢跑中有没有同学出现身体不适、呼吸困难等症状？

生1：我出现这种状况的，特别难受，感觉一步都跑不动了。

生2：我也有，我一开始跑得快，然后出现胸闷、呼吸困难，速度就降了下来。

师：同学们，这种现象在耐久跑中出现很正常，是人体的一种正常反应。这种现象在运动训练学上叫作“极点”。此时，同学们可以通过放慢速度、加深呼吸的方法调整身体机能，以顽强意志坚持“第二次呼吸”；更重要的是，意念上告诉自己“我可以、我坚持、我能行”。

第二节　教学智慧解析：多种形式有效辅助，促进学生技能发展

本节课教学以耐久跑的呼吸节奏与动作的配合为主线，内容较抽象且枯燥，学生很难正确掌握动作要领；教学内容需组织学生6分钟计时跑，学生存在跑不动、岔气等情况。本节耐久跑内容教学的多种形式有效辅助主要体现在四个方面：一是音乐节拍的使用，促使学生掌握呼吸节奏；二是巧妙使用丝带打卡，积极完成6分钟计时跑；三是设置内外线跑道，关注学生体能差异；四是理论知识穿插其中，指导学生掌握知识。

一、音乐节拍的使用，促使学生掌握呼吸节奏

耐久跑教学单元内容枯燥，学生积极性难以调动，呼吸节奏技术动作很难掌握，会出现“一讲全会，一跑全忘”的现象。因此，教师在教学过程中采用170bpm节奏的音乐，让学生踩着音乐的节奏慢跑，并且在音乐中插入节拍点，帮助学生在跑动中准确找到两步一呼、两步一吸和三步一呼、三步一吸的节奏，使学生熟练掌握呼吸节奏和动作要领，更好地进入接下来的学习。

二、巧妙使用丝带打卡，积极完成6分钟计时跑

五年级学生注意力较集中，有小组合作意识，但因为体育课分组的特殊性，每个教学内容需要的队形都不完全相同。教师采用六色腰带能更好地进行分组及评价，并能有效评价到每一个学生，让学生有存在感。如慢跑时直接表扬红队1号能有节奏地跟着音乐摆臂与呼吸，并用实物奖励的形式分发六色丝带。学生明确动作要领后，用趣味打卡形式进行6分钟计时跑，这种形式有效地激励了学生坚持跑完全程。

三、设置内外线跑道，关注学生体能差异

6分钟计时跑，在环形跑道上设计两条线，教师主要关注学生途中跑的呼

吸节奏与动作的配合，在指导80%的学生达成学习目标的同时，更要鼓励待发展生坚持跑完全程。内线的设计，可以让待发展生不改变时间而选择改变速度地调整身体机能，恢复后再次加入队伍慢跑，让每个学生都体验成功的快乐。

四、理论知识穿插其中，指导学生掌握知识

耐久跑过程中，出现“极点”现象很正常，是人体的正常反应。但是学生在不了解的情况下，以为是自身能力问题，呼吸不畅也会很恐惧，导致不能完成任务。因此，课堂教学中教师设计相应的问题，引导学生掌握“极点”的概念及处理这一现象的方法，消除学生的恐惧。

第三节　小学体育学科教学智慧的特点

小学体育教学因其场地、器材及学生特征的多样性与差异性，需要教师花时间去关注学生，充分发挥自己在教学中的引导作用，让学生更好地去学习体育、热爱体育。这一过程可以称为教学智慧的形成。体育教学智慧主要是指学习目标、教学内容、教学方法和评价形式等以学生的智慧发展为价值追求，以教师的教学智慧为根本条件，建立在教师独特的课程认识基础上，落实于课堂教学实践中，以促进学生智慧地生长。小学体育教学智慧体现在以下五个主要方面。

一、目标制订有层次，难度适宜有侧重

《义务教育体育与健康课程标准（2011年版）》中提出："教师应根据学生的体能、运动技能等实际，设置能激发学生学习动机和愿望，经过师生共同努力能够达成的学习目标。"每个学生都是独一无二的个体，他们的运动能力各有差异，因此目标还应有所侧重，使学生在适合自身目标的引导下主动实践，积极参与课堂练习，体验达成目标的喜悦，培养学生的自信心。

例如：三年级"立定跳远"第一课中，教师设置明确、合理的层次目标，在热身活动后对学生进行技能测试，了解学生对立定跳远动作的掌握情况，根据学生的掌握情况分三个层次教学，让运动能力较强的学生充分锻炼提高技能，运动能力一般的学生养成兴趣掌握动作，每位学生都有适合自己的目标。

对于层次三的学生，以自主探究学习为主，主要指导学生在现有动作基础上提高跳跃水平；对层次二的学生，采取有的放矢的形式对基本动作内容进行练习，并对教学重难点进行适当的指导；对层次一的同学，教师要以教学示范、动作讲解、纠正动作为主，并采用"手拉手"的方式，让层次三的学生教层次一的学生，这样同角度的指导更有利于层次三学生的技能水平提高，也有利于层次一学生更快地掌握立定跳远的动作，同时也解放了教师，使教师有更多时间去关注其他学生。

二、内容设计有趣味，环环相扣有激情

《义务教育体育与健康课程标准（2011年版）》中提出：“教师应充分考虑学生的运动兴趣与需求，内容设计与学生已有的体育经验和生活经验相联系，激发和培养学生的运动兴趣，调动学生学习的积极性。”由于体育学科的特殊性，教师在进行教学内容设计时要考虑场地、器材、天气等多种因素，同时还需考虑不同年段学生的学情特点，进行教学内容的趣味设计。

例如：五年级“耐久跑”第一课时课堂教学中，因为其内容相对枯燥单一，传统课堂教学中学生易出现“一学就会，一跑就忘”的现象。教师可以根据学生年龄段特征，融入时下流行的运动元素，结合170bpm的节奏音乐，帮助学生在跑动中找准呼吸节奏；利用展板直观地展示动作，帮助学生掌握动作要领；通过计时打卡的形式，让学生有意识地坚持跑完全程。学生从热身到在音乐中掌握技能动作，最后在小组合作的计时跑打卡中学以致用，内容设计层层递进，元素新颖，充分激发了学生的运动兴趣。

三、语言使用有艺术，精湛准确有引导

在小学体育教学活动中，场地的空旷、班级的集中对教师的音量要求较高，且易发生口令干扰，这时候，教师更多地应采用直观、简短的指令及肢体语言去解释、示范抽象的动作概念及动作细节，从而激发学生课堂学习的求知欲和练习动力。因此，语言使用要规范、准确，有启发激励性，还要简洁精练，同时更要根据水平段学生特点及不同技能教学使用语言艺术，调节课堂氛围。

例如：进行前滚翻技术动作教学时，对高年段学生进行动作要点介绍应简明扼要，使用蹲、撑、蹬等词语概括，方便学生快速明确技术动作的要领；对低年段学生可用趣味的口诀形式“一蹲二撑三低头，团身滚动像皮球”，反映动作细节的衔接顺序，使学生一听就明白。同时，体育学科动作技能的科学性要求教师语言规范、科学。例如：进行投掷教学时，投掷方向是“向前上方投出”，若说成“向前投出”，学生对概念就不明确了，易出现只向前而没有向前上的问题，导致投的距离不远。这就是本质意义上的错误。

四、方法采用有创新，科学合理有实效

教师应根据教学内容采用自主学习、合作学习、探究学习与传授式教学等方法，引导学生在体育活动中，通过体验、思考、探索、交流等方式获得体育与健康的基础知识、基本技能和方法，同时也应根据教材内容有针对性地创新。

例如：篮球课“三步上篮”的教学中，教师机械地给学生讲解、示范如何运球、投球，会使学生感觉枯燥、无味，尤其是篮球基础本来就弱的学生更容易产生畏难情绪，导致失去学习兴趣。教师可以根据高年段学生年龄特征，有效使用条件限制法和竞赛激励法：通过条件限制控制学生的某些动作，使学生的注意力完全集中在要求的技术动作上，增强正确信息的感知度，减少错误；竞赛激励法可以让学生更有激情地学以致用，积极性高。科学合理的教学方法，能更简单有效地帮助学生完成学习内容，发展学生体能，促进每一位学生更好地发展。

五、评价运用有指向，正确多元有标准

《义务教育体育与健康课程标准（2011年版）》中“评价建议”提出，评价是促进学生达成学习目标的重要手段。科学的评价能“有效地挖掘每一位学生的体育与健康学习潜能，调动他们的体育与健康学习积极性，促进学生更好地‘学’和教师更好地‘教’”。体育与健康学习评价要注意关注学生健康，体现学生个性化，评价过程要科学、公正、准确，保证评价的有效性。有明确指向的教学评价，具有导向、激励和反馈功能，能让学生了解自己动作、对比同伴动作，培养自我认识、自我发展的能力。

例如：在“跨越式跳高”中，针对高年段学生，教师可以设计“学练单”，在动作技能教授完毕后，组织学生根据“学练单”进行动作练习，根据技能标准进行自评和组内互评。这种有指向性的、可视的过程性评价，可以提高学生正确评价自己和他人的能力，充分体现学生的主体地位，调动学生课堂参与度。教师在巡视过程中对学生动作进行评价时，用“很好、不错、有进步”的肯定语言培养学生自信心；也可以用“你的动作很好，摆动时腿再高一点，跳得会更高”的“三明治”鼓励法，在鼓励的同时提出动作技能的新要求。

第九章

小学英语学科教学智慧的课堂样态

《义务教育英语课程标准（2011年版）》中对英语课程基本理念有这样的描述：面向全体学生，关注语言学习者的不同特点和个体差异。教师需要抱着实事求是的态度，基于“教学有法，教无定法”的认识，以英语作为外语的学习环境为出发点，充分认识学生的年龄和认知特点，体现学生主体，提倡创设尽量真实的语言学习情境，遵守互动原则，构建“适合发展”的小学英语课堂。教师应根据英语学习的客观规律，以英语教学理论和方法为指导，在理解课程理念和课程目标、认真研读和分析教材、了解学生的认知需求的基础上，确定合理而具有可操作性的教学目标，设计合理、连贯、清晰的教学步骤，创造性地选择和使用恰当的教学方法和手段，有效组织和实施课堂教学，落实对学生学习效果的评价，并在课程实施中反思教与学的过程，不断改进和提高教学的效果。

第一节 “适合发展”课堂：3A Unit 5 *Look at me*! 的两次教学

作为单元的核心板块，“Story time”以对话或短文的形式呈现词汇、句型、日常用语和语言功能。在三年级“Story time”常规教学中，教师多采用“渗透词句—提出问题—解决问题—朗读表演”等基本模式。这样的模式虽能让学生获得语言知识，却让英语课堂失去了活力，消磨了学生对英语学习的兴趣。《义务教育英语课程标准（2011年版）》中指出，要合理利用各种教学资源，提高学生的学习效率。三年级是英语学习的起步阶段，教师更应该基于儿童的认知特点，组织开展生动活泼、直观形象的教学活动，充分激发儿童的学习兴趣，为英语学习助力。英文儿歌重复性强、节奏轻快、浅显易懂，正好与三年级学生乐于模仿、敢于表达、爱唱爱跳的特点相符合。将英文儿歌和“Story time”教学有机结合，能让学生在韵律和节奏中体验到不一样的英语学习。

译林版小学英语3A Unit 5 *Look at me*! 第一课时“Story time”的对话是以“Yang Ling试衣服”的情境而展开，新句型“Look at ... , It's nice/great.”和服装类的新单词“skirt”“T-shirt”“cap”“jacket”等，对于学生来说不难理解，但学生在说“Look at my ...”时易将“my”漏掉，“look at”的连读对学生来说也是一个难点，课堂中不可避免地需要对这个句型进行大量的重复朗读训练。程晓堂指出：“如果学生能在相对完整的、真实的情景中接触、体验、理解和学习语言，那么他们就能够更好地理解语言的意义和用法，也能更好地掌握语言的形式。”[1]在备课时，教师将“Story time”中的句子和重复性强、朗朗上口的英文儿歌相结合，借助英文儿歌活泼生动的节奏，创设“参加派对”的情境，不仅与“Story time”中“Yang Ling试衣服”的情境相符合，也给了学生一个明确运用新句型的理由。

[1] 程晓堂 . 论英语教师课堂话语的真实性 [J]. 课程・教材・教法，2010（5）：54-59.

于是，教师将一些耳熟能详的英文儿歌反复哼唱，最终发现*Twinkle Twinkle Little Star*正好与课文的节奏相符。有了儿歌的加入，一切教学活动都被赋予了不一样的音符：导入、拓展、维持常规时都可以使用音乐；教学环节之间，也可以通过歌曲串联。经过一番思索后，教师进行了第一次教学。

教学片段一：“喧宾夺主，画虎不成反类犬”

Step 1. Warming up

（1）借助儿歌旋律唱出课堂常规。

T: Can you sing the song *Twinkle Twinkle Little Star*?

S: Yes!

T: Let’s sing together.

师生齐唱*Twinkle Twinkle Little Star*.

T: Great! In this class, when I sing “Look at me”, you sing “Yes, yes, yes”. OK?

S: OK!

T: Look at me.

S: Yes, yes, yes!

T: Look at me.

S: Yes, yes, yes.

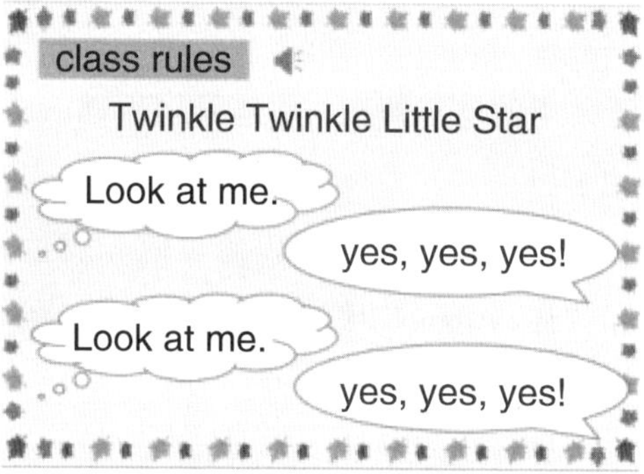

图9-1　class rules

注：四句课堂指令与*Twinkle Twinkle Little Star*的前两句“Twinkle, twinkle, little star. How I wonder what you are?”旋律相同。

（2）通过英文儿歌进行自我介绍。

T: Great! You can sing very well. Today, I’m your new English teacher. Now, listen to me.

师以*Twinkle Twinkle Little Star*的曲调唱出自我介绍。

Hello, hello, boys and girls.

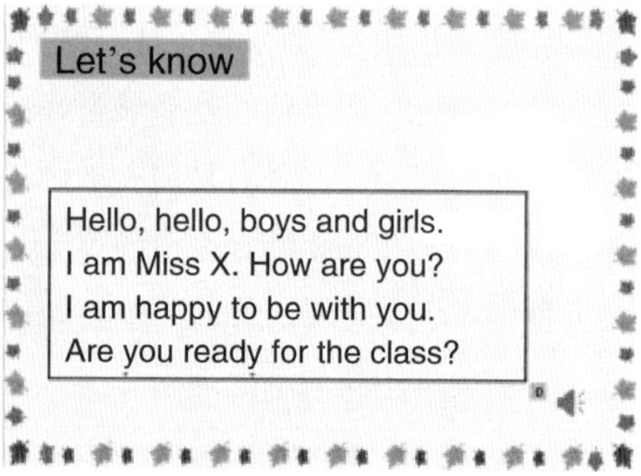

图9-2　Let’s know

I am Miss X. How are you?

I am happy to be with you.

Are you ready for the class?

Nice to meet you, boys and girls.

S: Nice to meet you, Miss X.

学生以唱歌的形式回应。

Step 2. Presentation and practice

（1）课文学习。

①在“参加派对，挑选衣服”的情境中，教授本课新单词“T-shirt”“skirt”“cap”和句型“Look at my ...”“It’s nice.”“How nice!”等。

②通过“Let’s circle”“Let’s find”“Let’s say”“Let’s read”等环节，带领学生梳理“Story time”的文本内容；学生能流利朗读课文。

③“Let’s act”：同桌两人一组表演课文。

（2）改编儿歌歌词巩固课文。

T: Before we go to the party, let’s try to sing the story out.

师生以*Twinkle Twinkle Little Star*的曲调齐唱课文内容。

Look at my T-shirt. It’s nice.

Look at my skirt. How nice!

Look at my cap. It’s great.

Look at me!

Great! Great! Great!

Yang Ling is so happy today.

Party, party, let’s go!

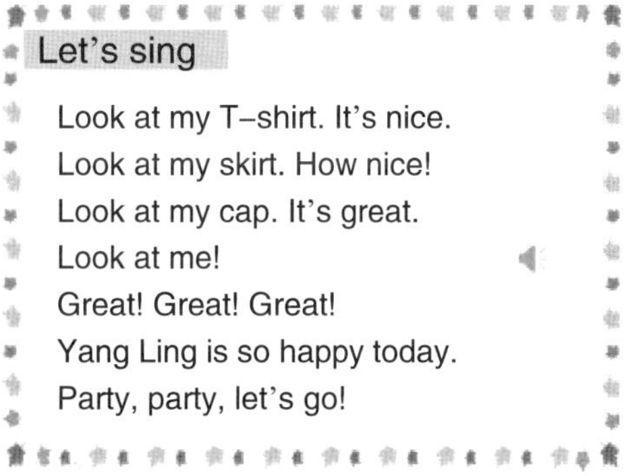

图9-3 Let’s sing

Step 3. Extension

（1）学习课本外的新单词。

T: Do you want to go to the party?

S: Yes!

T: But before the party, let’s know more about nice clothes.

课件中出示6个服装类的新单词，逐个带读。

（2）以对唱形式展示服装。

四人小组用歌曲*Twinkle Twinkle Little Star*的调子，以对唱的形式展示自己的服装。

参考句型：

A: Look at my ... It’s ...

B: Look at my ... How ...

C: Look at my ... It’s ...

D: Look at my ... How ...

合：Look at me. Look at me. Nice, nice, how nice!

图9-4　Let’s show

教师第一次试上，前面的导入、梳理课文都进展顺利，但在最后的拓展部分，却遭遇了“滑铁卢”。在展示自己服装的环节中，邀请了两组学生上台展示。第一组没能跟上*Twinkle Twinkle Little Star*的调子，匆忙展示完服装后就草草下台；第二组师生一起唱，结果唱到最后，教师自己也找不着调子了。再看看下面坐着的学生，一脸茫然，漫游天外。在尴尬的气氛中，一节课结束了。明明是学生熟悉的儿歌，怎么会变成这样呢？

此时，前来听课的专家点醒了教师：不能为了唱歌而唱歌。教学设计应该从学生的角度出发，以提升语言运用能力为目标，音乐作为一种“装饰”，不应该喧宾夺主。同时，*Twinkle Twinkle Little Star*这首歌并不是一把“万能钥匙”，在自我介绍和管理课堂常规时，能顺利打开接下来的教学步骤；可在拓展环节中，怎么也打不开语言运用的门。过多地使用英文儿歌，反而造成了负面的效果，影响了正常的教学，正可谓“画虎不成反类犬”！于是，在第二次教学中，教师保留了前两个环节的教学设计；但在拓展环节中，教师结合即将到来的万圣节，做出了一些调整。

教学片段二：“恰到好处，适合的才是好的”

修改后的拓展环节如下：

Step 3. Extension

（1）欣赏歌曲，渲染万圣节氛围。

T: Do you want to go to the Halloween party?

S: Yes!

T: Stand up and let’s go!

播放万圣节主题的英文儿歌*Shake Shake Shake*，教师带领学生边做动作边唱。

（2）以头脑风暴的形式学习新单词。

教师介绍万圣节习俗“sing and dance, say ‘trick or treat’, dress up in costumes。”学生思考可以穿什么衣服参加万圣节派对，他们头脑风暴出的服装类单词有“cloak、dress、hat、mask、pants、boots、sweater”等。

（3）在节日背景音乐中进行服装展示。

T: Now please show your clothes in groups. Don’t forget to say “trick or treat ”to me.

小组练习时，播放万圣节相关的英文儿歌*Trick or Treat*；展示时，将儿歌的音量调小，继续作为背景音乐。

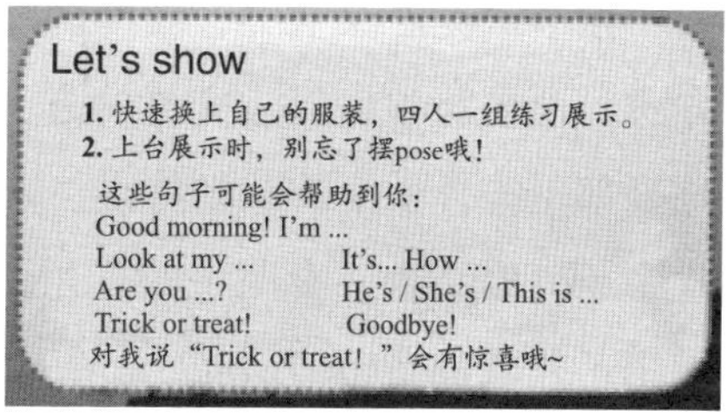

图9-5　Let’s show

（4）师生借助儿歌对唱告别。

T: Goodbye, goodbye, boys and girls.

S: Goodbye, goodbye, Miss X.

再次教学，巧妙的环节衔接，活泼的课堂气氛，新颖的歌曲串联，精彩的拓展表演……一切都刚刚好。

第二节　教学智慧解析：精选合适资源，助力语言学习

在三年级“Story time”的课堂中，适当地使用英文儿歌资源进行辅助教学，能使学生在旋律中获得语言能力的提升，收获英语学习的别样乐趣。

一、巧借旋律，创设自然互动的氛围

英文儿歌深受三年级学生的喜爱，把它作为课前导入，唤醒了学生的耳朵，刺激了学生的感官，增强了学生的参与意识，从而为课堂奠定轻松、愉快的基调，让师生互动更加轻松、自然。两次教学中，教师都以齐唱儿歌*Twinkle Twinkle Little Star*作为导入，充分调动学生的积极性。随后，教师以唱歌的形式向学生做自我介绍，熟悉的旋律、新颖的形式配上丰富的肢体动作，趣味十足！既活跃了气氛，也在不知不觉中拉近了教师与学生之间的距离。好的开始是成功的一半，导入环节的精彩呈现，为学生的大胆表达铺设了道路。

在小学英语课堂中，教师的教学语言不仅是教师组织教学、管理常规的方式，也是与学生促进交流的方法。三年级的英语课中，教师的指令过长、过难都不符合学生的认知特点。除了常用的“One、Two、Three”，我们在课堂中还可以结合节奏明快的音乐，设计新样态的常规指令。本课的课堂指令借用了儿歌*Twinkle Twinkle Little Star*前两句的旋律，在同桌合作、小组讨论结束后，教师需要组织下一步教学时，师生拍手对唱“Look at me!”“Yes, yes, yes!”“Look at me!”“Yes, yes, yes!”简单、重复的旋律，与“Story time”中的重点句型“Look at ...”相互呼应。这样的师生对唱，既是教师管理常规的过程，也是学生熟悉重点句型的过程。旋律的加入，让枯燥的指令变得生动起来，课堂常规也更加悦耳动听。

二、改编歌词，增添复习巩固的趣味

教师可以将歌词进行改编，利用歌曲复习“Story time”，让学生用熟悉的调子把所学的新知识唱出来。案例中，在学生表演之后，教师将*Twinkle*

*Twinkle Little Star*的歌词从“Twinkle, twinkle, little star.”改编为“Look at my T-shirt. It’s nice.”学生唱歌的同时也在复习“Story time”中的句型、词汇。虽然复习巩固重点知识的目标是一致的，但直接朗读、背诵课文或师生一问一答的形式对于三年级学生而言，稍显单调、乏味。把英文儿歌的歌词替换成“Story time”中的句子，可以让复习巩固环节更有趣味性。音乐也是学生学习语言的一种方式，和单纯的记单词读句子相比，显然镶嵌在旋律中的歌词容易让小学生记牢。在欢快的旋律之间，他们不断地重复句型，加深记忆，强化语感。一些平时在课堂中不愿意开口的学生，此时也会在哼唱中提升语言的熟练度，达到了复习巩固的目的。

三、精挑细选，提升拓展环节的效率

虽然英文儿歌朗朗上口、富有童趣，受到小学生的喜爱，但如果在拓展环节中滥用儿歌，也会造成反效果。在第一次教学中，教师为了体现“以歌曲为主线”的教学特色，过度依赖歌曲，在拓展环节中要求学生唱出自己拓展的语句。结果，台上的学生在展示时无话可说，台下的学生在聆听时漫不经心，此时的英文儿歌带来的不是轻松愉快，而是尴尬、沉寂。经过专家的点拨和自己的思考后，教师对“首战告负”的课堂反思如下：能力小于预设，高度等于课本，形式大于内容。其一，大部分学生包括教师自己，都没有受到过专业的声乐训练，一着急，谁也唱不好。其二，教师给学生的参考句型“Look at my ...”“It’s ... ”“How ...”和“Story time”中的句型完全一致，没达到拓展的效果。其三，最重要的是，英文儿歌资源的使用应与拓展环节教学内容高度契合，并经过教师严格筛选；片面追求形式的与众不同，忽视了应该达成的语言目标和学生的认知水平，最终导致教师教得累、学生学得累。

第二次教学中的拓展环节，教师结合即将到来的万圣节，以万圣节派对为背景，选择了两首与节日有关的英文儿歌。其中，儿歌*Shake Shake Shake*以动画的形式呈现，生动的卡通人物、欢快的节奏，使学生的脑力和肢体都得到了充分的放松。学生一边伴随着音乐律动，一边无意识地哼唱，在无形中增加了语言的输入量。另一首较为柔和的儿歌*Trick or Treat*作为背景音乐，营造了宽松的小组讨论环境，烘托了万圣节的文化气氛。动听的儿歌从听觉、视觉、肢体动作等多方面刺激着学生的感官，学生在上台展示时自然信心十足，有话可说。儿歌*Trick or Treat*中，不断重复出现“Trick or treat!”的歌词，是一种无形中的文化输入，增强了学生对“万圣节”习俗的了解，初步培养了学生的文化意识。课堂结束时的师生道别，再次回到了熟悉的*Twinkle Twinkle Little Star*旋律中。比起生硬的“从一而终”，精心挑选符合教学目标的英文儿歌更能提高拓展提升的效率。

总而言之，在“Story time”的教学中，教师恰当地使用英文儿歌，能提高学生的积极性，让他们在音乐中学习，在音乐中展示，在音乐中创造。教师应根据学生的认识特点和教学内容来选择并使用适合儿童的英文儿歌资源，让英文儿歌真正为教学而服务，助力学生的语言学习。

第三节　小学英语学科教学智慧的特点

英语是一门兼具工具性和人文性的学科。小学阶段儿童的感知、注意、记忆、思维、认知规律等都处于发展时期，且不同阶段的小学生心理发展水平及特点不尽相同。因此，在日常英语教学中，教师应最大限度地顺应学生的心理需求和认知规律，引导学生掌握学科文化知识和技能，帮助学生树立正确的价值观和文化意识，促进其英语综合语言运用能力的发展。在此过程中，教师的教学智慧得以凸显。

一、多模态资源导入，激发学习兴趣

好的开始是成功的一半。导入环节的目的是把学生的注意力吸引到课堂上来，为下面的学习做好心理准备，奠定良好的教学基础。有效地导入既能使学生从喧闹的课间回到课堂中来，进入英语学习的氛围，也可以为开展新课教学做好铺垫[1]。在英语教学中，教师应设计形式多样的课堂导入活动，运用多模态的教学资源，从听觉模态、视觉模态、语言模态等多方面刺激学生的感官，让学生在宽松、愉悦的课堂氛围中感受学习的快乐，激发对英语学习的兴趣，激活其语言储备。

在导入环节，教师可以播放与教学内容相关的动画、歌曲等，借助朗朗上口的歌词和生动活泼的画面刺激学生的听觉和视觉感官。如在教学三年级上册Unit 8 *Happy New Year*、五年级上册Unit 8 *At Christmas*等节日主题的单元时，教师可以播放*Happy New Year*、*Jingle Bells*等儿歌，唤起学生心中对这些节日的记忆，自然而然地进入学习情境。教师还可以通过实物导入，为学生创设真实的语言学习环境。如在教学四年级上册Unit 2 *Let's Make a Fruit Salad*时，教师可以用苹果、芒果等水果的实物进行导入，让“做水果沙拉”的情境更加具体化，便于学生理解和运用语言，也使其对将要学习的内容充满好奇。

---

［1］ 程晓堂，谢诗语．小学英语课堂教学中的常见问题分析与建议 [J]. 中小学外语教学（小学篇），2019，42（03）：1-9.

导入的目的是为后续的教学活动做铺垫。在设计时，不可一味地追求趣味性而忽略了知识性。教师应找准切入点，由易到难、由浅到深地引入新知的学习。如在歌曲、实物等趣味导入后，教师可以及时提问，将学生的思维与注意力集中到语言的学习上来，达到预期的教学目标。小学生对新奇的事物充满好奇，但还没有足够的自控力，如果长期运用某种导入方法，即使再有吸引力，也会变得枯燥、乏味。因此，教师课堂导入的手段要常变常新，带给学生新鲜感，不断激起他们的求知欲，如绘本与音乐相结合、动画与提问相结合等，使导入更富有智慧，调动学生参与课堂活动的热情。

二、借助项目导航，提升语言能力

项目教学建立在构建主义理论基础上，教师通过设计项目任务，把学生融入有意义的、开放的、真实的任务完成过程中，让他们积极参与学习过程，自主或合作进行知识的构建，从而获得语言能力、思维品质等学科核心素养的发展[1]。同时，《义务教育英语课程标准（2011年版）》中也指出，教师在设计语言实践活动时，活动要有明确的交流目的、真实的交流意义和具体的操作要求。项目化学习是一种以学习者为中心的教学方式。在项目任务驱动下，学生以独立或小组合作的方式收集、处理信息，获取、运用知识，探讨、设计、执行方案，解决项目进行中遇到的问题，最终用多种形式呈现项目成果。这与课程标准中所倡导的理念不谋而合。

译林版小学英语教材中，“Project”板块容量大、综合性高，教师可以发挥教学智慧，运用项目学习法来设计教学，整体构建教学内容，让学生在真实的情境中进行语言实践，提升其综合语言运用能力。在进行四年级下册Project1 *My school life*的教学时，教师设置项目任务“完成以学校生活为主题的‘TV show’”，具体项目任务实施过程如下：通过“School map”，谈论“school things”；通过“subject bank”设计周三科目清单，组内分享交流各自喜欢和不喜欢的科目及原因；调查并汇报不同朋友的周三科目清单；为Tom设计快乐的周四活动。项目进行的过程中，学生通过信息差进行语言交流，用自

[1] 丁海英.项目教学法在小学英语 Project 板块的应用研究——以译林新版《小学英语》四下 Project 1 教学为例 [J]. 中小学英语教学与研究，2017（6）：6-16.

己的语言表达对学科的看法，尝试运用语言进行调查以获取信息，在开放性的活动中创意表达，并完成了项目任务，实现了语言的综合输出。

项目化教学活动中的语言实践场域并不只局限于英语课堂中，也可以延伸到课外，结合学生原有的生活经验，与其他学科相融合。以四年级上册Unit 7 *How much?*的教学为例，教师可以结合学校的“淘书节”“爱心义卖”等活动，设置“Hold a charity sale”的项目任务。随后，根据学生的个体特点，将其分为以下几个项目组：宣传项目组，负责制作简单的英文宣传海报；定价项目组，负责确定书本的价格；卖书项目组，负责用各种促销方式卖书；买书项目组，负责购买合适的书本；拍照项目组，负责拍照并配上英文说明。在项目推进的过程中，既让学生的综合语言运用能力得到了提升，也促进了他们的审美情趣、创造力、想象力等素质的综合发展。

三、开展读写结合，培养写作能力

《义务教育英语课程标准（2011年版）》对小学阶段的学生写作的要求是，“能根据图片、词语或例句的提示，写出简短的语句”。由于写作在小学阶段是起步阶段，学生的知识储备有限，写的内容受到一定限制。教师往往把精力更多地放在听、说、读的能力培养上，“写”则被排在最后。同时，英语教师对写作教学的研究不够深入，基本上是按照教材的流程按部就班地实施教学，对如何引导小学生进行初步的笔头表达的相关研究成果也有所欠缺。阅读是语言输入，写作是输出。阅读能力的培养与写作水平的提高相辅相成。在小学英语教学中，如果能够将阅读与写作相结合，鼓励学生将所学的语言应用于实践，体验用语言做事的成功，会达到事半功倍的效果[1]。

首先，在写作前，学生要有充分的阅读输入。在阅读输入的过程中，教师要激发学生的情感，让学生有进一步表达的愿望，使写作成为自然而然的表达，而不是被迫的任务。其次，教师应在“读”与“写”之间，为学生提供支架，帮助学生构建写作逻辑结构。阅读后、写作前，教师应该通过口语表达活动培养学生语言运用能力。学生说流畅了，表达自如了，才能为写作的顺利完

[1] 闫赤兵．“读写结合”在小学英语教学中的实践探索[J]．英语学习，2017（07）：8-10.

成奠定基础。如在六年级上册Unit 2 *What a day*!的写作教学中，教师以时间为主线，通过天气的转变，让学生在阅读中随着故事情节的发展，感受人物的心情变化，同时也学习了日记的写作方法，并进行写作尝试。

不论在阅读还是在写作的活动设计中，教师都要紧紧围绕阅读文本或写作任务的主题内容、文体结构和语言表达，结合具体学生人群的心理、认知特点和语言发展水平，设计适合学生的并服务于写作目的的教学活动，帮助学生将所读迁移到写作中，为读写结合的教学找到清晰的路径，培养其写作能力。

四、进行文化渗透，体现育人价值

党的十九大报告中强调“要全面贯彻党的教育方针，落实立德树人根本任务”。章策文先生认为，学科育人是落实立德树人根本任务的学科切入口和实现方式。学科核心素养的全面发展是英语学科育人价值的集中体现，是英语课堂教学的根本任务，更是一切英语学习活动的内在追求[1]。在教学中，教师不仅要关注语言知识，还要挖掘文本中所包含的文化知识，以英语语言为载体，渗透中国文化元素，培养学生表达、传播中国文化的意识，体现英语学科的育人价值。从儿童认知发展的角度来看，三至六年级学生的具体形象思维占主体，抽象思维还没有完全发展起来；语言学习技巧尚不成熟，隐藏在语言背后的文化内涵就更难理解了。所以，我们要关注学生的实际生活经验，并与教学内容相结合，让文化“看得见摸得着”。

在中年级的英语课堂上，教师可以创设相对真实的语言场景，让学生“接地气”地体验到文化。比如，在教学四年级上册Uni 6 *At a Snack Bar*时，教师可以让每个学生从家里带一样食物到学校，然后把桌椅调转方向，小组合作模拟快餐店的情境。快餐店是学生们熟悉且喜欢的地点。在生活化的气氛中，他们不仅能操练巩固重点句型，还能感受博大精深的中国美食文化，同时关注到“八礼”“四仪”中的餐饮之礼。在高年级的课堂上，教师可以结合单元主题，将课本中的知识进行拓展，让学生感受文化在生活中的力量。六年级上册Unit 4中，教师可以将“Culture time”里“中国人发明了指南针，英国人发明

[1] 章策文 . 英语学习活动观的内涵、特点与价值 [J]. 教学与管理，2019（19）：47-50.

了火车”的文化知识，与单元标题*Then and Now*相结合，以数据、图片、视频等形式介绍中国火车的“进化史”。从蒸汽机车到电力机车，从绿皮火车到特快列车，从“和谐号”到“复兴号”……虽然没有亲身体验，但学生们一定能感受到科技的快速发展，出行的方便、快捷，生活的巨大变化，为祖国的文化而自豪。

文化是动态的，跟随着时代发展的潮流而不断更新。作为教师，也应该与时俱进，修炼自己的专业素养，丰富自身的文化知识，深挖教材中的育人题材，让学生在语言学习的同时感知并理解文化，将育人贯穿于英语教学中。

小学英语课堂教学不是简单的语言知识习得的过程，而是师生共同生长的历程，还是不可重复的激情与智慧生成的过程。智慧是一种内省性思维或品质。在课堂教学中，拥有智慧的教师会不断反思和调整自己的一言一行，累积教学经验，打造智慧型的英语课堂，真正促进学生核心素养的发展。

第十章

小学音乐学科教学智慧的课堂样态

音乐教育是一种艺术的教育、美的教育。音乐教学通过引导学生参与音乐活动，使学生享受成功的满足，获得审美愉悦体验，进而使学生喜爱音乐，激发他们学习音乐的兴趣和愿望，为他们在音乐方面的可持续发展打下基础，同时潜移默化地促进学生综合素质的提高。

近年来，我们通过研究适合学生发展的音乐课堂教学实践，注入课堂新元素，提供适合的教育，不断深化音乐教学法本土化的探索，对标课程标准中“引导学生主动参与各项音乐实践活动，以获得对音乐的亲身体验”等要求，以分层渐进的音乐活动为载体，将音乐本体元素一点一点传授给学生，由浅入深，层层叠加运用到实际课堂，效果很好。适合学生发展的音乐课堂是素养指向的音乐课堂。其教学内容饱满，自主活动充分，学习效能显著。教师在实践中通过有效的学习方法优化学生学习行为，彰显教学智慧，为发展学生核心素养、培养学生人文底蕴进行音乐教学实践探索。

小学音乐“适合发展”课堂是指遵循学生音乐学习规律，采用适合学生的教学方式，促进学生音乐素养全面而个性地发展。“三维六策”以音乐情感、音乐认知、音乐经验三个维度，通过简笔画、难点稀释、声势律动、拼接识别、互动视唱、综合体验等六种策略，打破学生正襟危坐听音乐、看教师表演、看屏幕画面的传统的“听课式”，使之转变为学生参与的“体验式”的课堂，使学生身体、心灵在音乐所有相关要素的作用下，将感受表现、表达出来，使音乐课教学成为综合艺术的音乐教学体验实践活动，师生共同合作完成体验、创作、表现音乐作品的教学形式。

第一节　“适合发展”课堂：《黄昏放牛》教学实录

通过适合学生发展的音乐课堂实践研究，培养学生对音乐学习的持久兴趣，让学生乐于参与丰富多样的音乐实践活动，探究、发现、领略音乐的艺术魅力，促进学生不仅喜欢音乐，更喜欢上音乐课；让学生巧妙掌握音乐基础知识和基本技能，拓展文化视野，发展音乐听觉与欣赏能力、表现能力和创造能力，不断提升音乐素养；丰富学生情感体验，培养良好的审美情趣和积极乐观的生活态度，陶冶情操，促进身心的健康发展。

一、创设情境，导入作品

1. 导入——旋律听唱画

师：今天老师带来两条旋律（见谱例10-1、谱例10-2），请同学们想一想，旋律线（见图10-1、图10-2）和旋律应怎样匹配？

谱例10-1

34 | 5 0 3̇ | 1̇ 0 34 | 5 0 3̇ | 1̇ 0

谱例10-2

34 | 5 3̇·2̇ | 1̇ 0 34 | 5

图10-1　旋律线1

图10-2　旋律线2

师：我们一起唱一唱、画一画，边唱边画。

2. 揭题——合并旋律线

师：老师把这两条线绘成了一幅画（见图10-3），你们看像什么？

生：像高高的山峰，像连绵的大山，像山谷里的太阳。

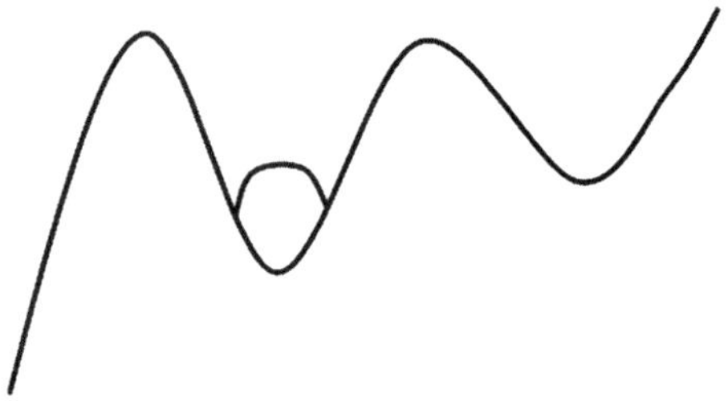

图10-3　两条线绘成一幅画

师：同学们想象力真丰富呀！你们看，太阳慢慢地落下了，今天我们的音乐学习就与黄昏有关。（揭题《黄昏放牛》）请同学们展开想象，描述黄昏放牛是一幅怎样的景象。

生：在山脚下，绿色的草原上，牛儿悠闲地吃着草，落日金色的余晖洒满了放牛娃快乐的脸庞……

师：（出示黄昏放牛图）与你想象的画面有不同之处吗？

生：有放牛的人。

3. 感受——了解“约德尔”

师：你们听，牧人唱出了什么样的歌声？（师范唱）

谱例10-3

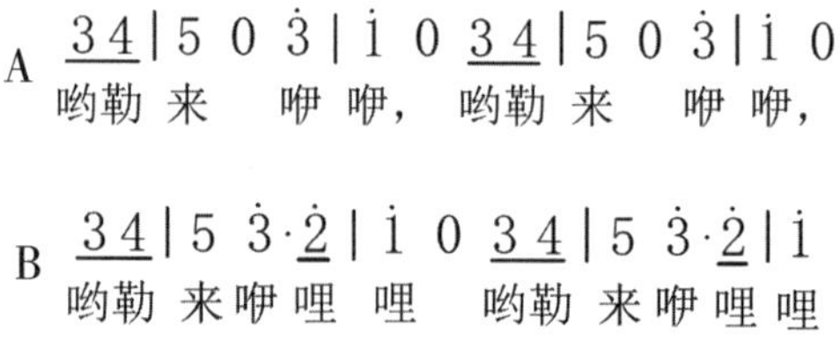

生：像放牧人在呼唤牛儿快快回家……

师：这两条旋律有什么区别？

生：第一条较活泼、俏皮，第二条较优美、抒情。

师：这是山里的牧人用叫喊声来召唤他们的牛羊群，也是用歌声呼唤对面山上或山谷中的朋友。这种非常有趣而又令人惊叹的“约德尔”唱法最早产生于瑞士。它的特点是：演唱开始时在中、低音区用真声唱，然后突然用假声进入高音区，并且用这两种方法迅速地交替演唱，形成奇特的效果；基本上没有歌词，有时采用一些没有意义的字音来演唱（哟、嘞、来、咿、哩）。我们今天欣赏的就是一首约德尔歌曲。

二、尝试合唱，初识作品

1. 放牧人与“太阳”的合唱

谱例10-4

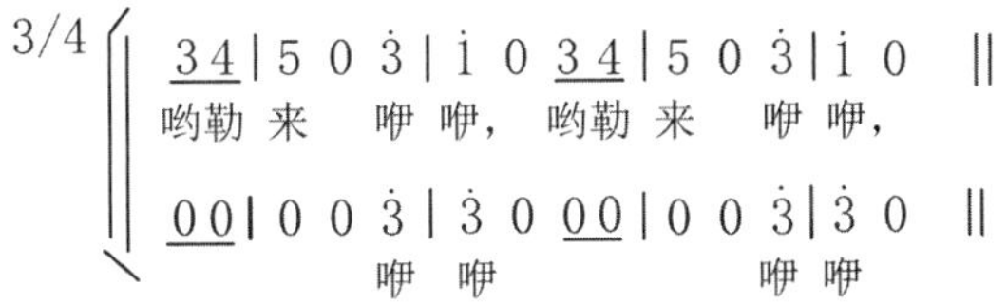

2. 放牧人与“大山”的合唱

谱例10-5

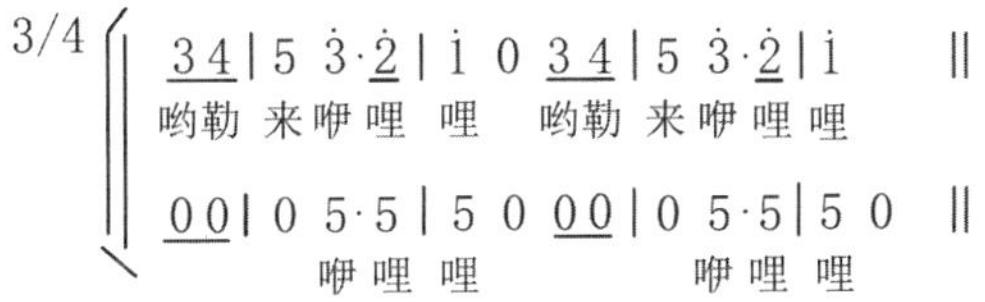

（提示学生注意控制音量、声部均衡、高音区的假声）

3. 加入声势律动，解决难点音准

三、分析结构，感受作品

1. 初听——感受歌曲情绪、节拍

师：老师已从你们的和声中感受到了音乐的美妙，让我们一起来完整欣赏歌曲。请同学们边听边感受歌曲的情绪是怎样的。老师这里有4张色卡（红、绿、白、黑），你打算选择哪种颜色代表这首歌曲？说一说理由。

生：歌曲听上去欢快优美，我选择绿色卡。音乐听完感觉非常轻松，眼前出现了大片绿色的草地，牛儿在悠闲地吃着草，牧童在愉快地歌唱。

生：我选择红色，因为红彤彤的晚霞映红了整个山谷。

……

师：如果用酸甜苦辣的味觉来表示，你选择哪一种呢？

生：我选择甜味。因为听完这首歌，我心里甜滋滋的。

生：我选择酸味，因为我喜欢吃酸酸的山楂。

（全班同学笑）

师：歌曲是几拍子的？

生：四三拍。

2. 复听——感受三拍子韵律（律动）

师：三拍子的歌曲给我们带来什么样的感觉？

生：荡漾的感觉。

师：用这样的方式表现歌曲，还可以怎样变换？让我们跟着音乐来一同感受！

生：还可以转圈圈。

师：对，圆舞曲都是三拍子。你们知道有哪些圆舞曲吗？

生：《小狗圆舞曲》《溜冰圆舞曲》……

师：谁知道世界上被誉为“圆舞曲之王”的是哪位？

生：是奥地利作曲家约翰·施特劳斯。

师：是老约翰·施特劳斯的儿子——小约翰·施特劳斯。他们都是伟大的作曲家，父亲出版了250多部作品，儿子写了500多部音乐作品，其中有150首圆舞曲。

3. 再听——熟悉歌曲旋律

结合图谱与柯尔文手势，旋律对接，师生交叉唱。

师唱1：1 1 1 | 1 3 5 | 4 2 7 | 1 -

生接1：5 | 1 1 1 | 1 2 23 | 2 - - |

师唱2：0 055 | 1 1 1 | 1 3 5 | 4 2 7 | 1 -

生接2：3 | 2 7 2 | 1·7 65 | 5 - -

师唱3：0 0 6 | 4 2 · 3 | 4 5 4 | 3 1 2 | 3 -

生接3：3 | 2 7 2 | 1·7 1 | 2 - - |

师唱4：0 0 5 | 1 1 1 | 1 3 5 | 4 2 7 | 1 -

生接4：55 | 6 2 1 | 7 3·2 | 1 - - | 1 -

4. 分析乐曲

（1）感受乐句。

师：仔细听，老师在乐曲什么位置加入乐器伴奏？

生：在每个乐句末尾。

师：分为几个乐句？为什么？

生：可以分为四个乐句，每一句弱起小节的地方都相同，可以换气。

师：四个乐句结构一样吗？

生：不一样。

（2）分析乐句结构。

师：每个乐句什么地方有变化？

生：每句开头部分相同，结尾不同。

师：这种方式称为“同头换尾”，哪一句完全不同？

生：第三乐句。

师：请在第三乐句末尾模仿一个你喜欢的动物声。

学生分别模仿牛、羊、狗、狼等动物的叫声。

（3）分句演唱。

（4）完整跟琴演唱。

5. 填词学唱

提示：注意真假声转换。

（1）跟琴演唱。

（2）跟伴奏。

四、自主练习，表现作品

1. 四人小组自己选择任务，合作完成

任务一：演唱歌曲

任务二：声势律动

任务三：模仿动物叫声

任务四：小乐器演奏

2. 集体合作，四大组选择任务，合作完成

任务一：一声部演唱（放牛娃）

任务二：二声部伴唱（太阳、大山）

任务三：加入小乐器

任务四：运用声势体验

3. 分别以小组和大组合作，表现歌曲

五、总结延伸，拓展作品

介绍约德尔歌手与作品：石井健雄《小鸡攻击》。

第二节　教学智慧解析："三维六策"，发展学生音乐素养

在很多的音乐研究课和公开课中，经常可以看见教师们为了活跃课堂气氛，一节音乐课在唱唱跳跳、热热闹闹中结束。音乐教学中迫切需要做到：帮助学生准确识谱，帮助学生稳定速度，帮助学生实现律动时演唱，解决特殊节奏、声音的训练等问题。有些教师认为音乐"审美教育"是无形的，不像"技能的传授"效果那样立竿见影。更有教师认为通过反复的技能训练，能自然形成学生审美能力。这些偏颇的认识造成音乐教学过程中忽略了学生的实践机会，很多学生喜欢音乐，但不爱上音乐课。

为了解决以上问题，我们从普适性价值最高的方面为切入点，探索出系列课堂操作的小程序。以《义务教育音乐课程标准（2011年版）》为依据，"从学生的角度"出发，"从学生感兴趣话题"入手，将音乐素养聚焦于音乐情感、音乐认知、音乐经验三个维度，通过在音乐课堂中的简笔画、难点稀释、声势律动、拼接识别、互动视唱、综合体验六种策略优化学生学习行为。通过"三维六策"音乐课堂创设有滋味的音乐课，彰显教学智慧。

"三维六策"是素养指向的音乐课堂层级构建，是教师教学智慧的集中体现。它是教师依据自己的音乐教学观念，遵循学生音乐学习的规律，将所要学习的音乐知识进行转化，使之成为学生能更好学习的音乐知识形态的能力与方法，也是教师转识成智的一种实践方式。其目的是适合学生音乐素养发展需要，实现音乐学科育人。

一、简笔画

为培养学生的多元智能，促进学生的联觉感受，我们运用美术与音乐相融合的随乐简笔画进行探索。备课时，先预设符合音乐主题的简笔画形象，使之与音乐相吻合，能在简短的时间呈现音乐的画面，直观地进行导入，还能拓展

成由听觉到视觉的创意课堂，凸显学科融合的理念。此案例让学生边听边唱边画，通过旋律线的走向形成连绵的山峰图像。教师通过添加黄昏落日的点睛之笔紧扣歌曲主题，恰到好处地形成了一幅简笔画。简笔画在音乐教学中可以帮助学生正确理解歌词，帮助学生形象感知音乐，帮助教师转化教学难点，具有积极作用。

二、难点稀释

此案例从难点旋律、节奏入手，以通感教学方法引入揭题，采用多感官联动，让学生获得立体的音乐体验。通感体验的起点是感觉，动力是情感，桥梁是想象，审美领悟是归宿。这样由浅入深地进行引导，激发了学生的好奇心，通过牧童的歌声进一步激发其想象力，同时又围绕音乐的本位让学生感受和体验音乐的情感，趣味性强，提高了学生学习的主动性。

三、声势律动

声势律动借鉴了达尔克罗兹教学法中的体态律动和奥尔夫教学法中的声势理念。巧用声势律动教学，培养学生音乐节奏感，结合肢体动作节奏，感知学生对音乐敏感性，培养学生创造性思维，提高学生对音乐作品内涵的领悟能力。此案例设计以声势活动稳定节拍，解决高音、跳音音准等难点问题。这首三拍子的歌曲，给人带来摇曳荡漾的感觉。律动的加入，使学生很好地掌握了歌曲的韵律感。

四、拼接识别

我们可以通过图谱拼接、乐谱拼接、结构拼接将问答做成一根思维的“拐杖”传递给学生。其目的是让学生有信心、有能力进一步探寻，以获得更多的音乐体验。此案例中，在分析乐曲结构时，教师让学生在第三乐句结尾加入模仿动物的叫声，无须语言讲解，学生能准确拼接识别不同的乐句。

五、互动视唱

互动视唱即以互动的方式，用音乐元素与学生进行对话。此案例中我们采用其中的互动节奏、互动音高和互动音准三类操作，不仅可以通过唱、听、想等方式实现，还可以借助身体的参与和转译的方式来丰富学生的歌唱学习。案例中通过师生互动模唱四个乐句，让学生感受乐句的“同头换尾”结构，教师可随时对学生的音准进行引导。

六、综合体验

音乐课上，我们总是希望让学生“动起来”。音乐课程是实现审美教育的主要渠道，在新课改背景下，教师越来越重视学生在课堂上的学习体验：创设情境，激发情感共鸣；通过实践活动，培养学生想象、模仿能力；搭建舞台，让学生尝试改编创造。此案例中，学生在听、看、唱的体验中感受约德尔唱法歌曲《黄昏放牛》的艺术表现力，一步步感受、体验、表现歌曲；同时在学习过程中体会歌曲带来的轻松、欢快、和谐的意境，有效提升学生的创造力、想象力和鉴赏作品的能力，调动学生审美想象，触动学生审美心灵，丰富审美情感，促进学生形成健康的审美情趣。

以上的方法既不需要昂贵的乐器，也不涉及大型的乐器；教学场地方面，大部分案例都可以在课堂上进行操作；在步骤上，也符合学生接受和认知的规律，通过合作和半开放式的创造活动让学生获得音乐学习的愉悦及创造性思维的开发。

第三节　小学音乐学科教学智慧的特点

音乐教学智慧是教师依据自己的音乐教学观念，遵循学生音乐学习的规律，将所要学习的音乐知识进行转化，使之成为学生能更好学习的音乐知识形态的能力。它是教师为了实现教学目的而实施恰当行为的能力。作为教师，要创设适合学生发展的课堂，顺应学生的认知规律，利用他们的学习心理和学习特征，促进学生更好地发展。

在音乐教学中教师有效地调动了学生的听觉、动觉、视觉、形象思维和逻辑思维，利用通感体验使之交织、综合在一起，实现“听到、看到、做到、想到”四位一体的联觉，智慧性地调动学生有趣味地、主动地体验音乐，开拓学生审美视野，引发审美感知，发展核心素养，创设“有味”的音乐课。

一、以“趣味”为根，让课堂充满人文气息

从学生的角度出发，从学生感兴趣的话题入手，找寻具有音乐特征的富有趣味的教学方法，让课堂的人文气息激发学生对音乐课本学习的积极性。当学生处于愉悦状态时，有利于形成优势的兴奋中心。音乐课堂教学的趣味根植于学生的全面参与，教师为学生多方面、全方位地提供参与平台，使其能够在音乐的实践当中去领会、去感悟、去体验。学生通过合作、交流、探索、表演、创造等一系列活动，在音乐课堂上“动”起来。这样有味的音乐课，使学生品尝到学习音乐的快乐，变“要我唱”为“我要唱”，进而产生对音乐的兴趣和爱好，保持长久的学习动力。

二、以“品味”为神，让课堂融入审美意境

新课标特别强调音乐教学应以音乐审美为核心。创建有品位的音乐课堂，需要教师在教学中细致分析乐曲和歌曲中复杂而充满美感的要素，帮助学生品味音乐之美，唤醒其审美意识，逐步提高审美水平。教师应选择具有音乐表现力的音乐作品，为学生源源不断地提供能够深刻感受、体验、理解音乐艺术表

现力的作品，帮助学生逐步增强对各种音乐要素的敏感反应。这才能使音乐课在任何情况下都不会失却“音乐品位”，以保持其“本色”“真谛”。

三、以“韵味”为魂，让课堂引发心灵激荡

音乐的魂在于韵，不同地域、不同风格的乐曲都有着独特韵味。音乐课与其他学科的根本区别就在于，音乐课淡化了那种直接的知识传递，代之以师生之间相互吸引的情感交流。音乐教材中的作品多是古今中外的经典之作，都是作者“情动于中”的产物，正所谓“凡音之起，由人心生也”。教师要善于捕捉教材中生动的艺术形象和情感因素，引领学生再现音乐作品中的艺术形象，启发他们的形象思维，唤起他们的想象能力，让其有身临其境之感，以达到“神与物游，心与理合”的忘我境界。

一线音乐教师要在教学实践中转识成智，通过创设“有味”的音乐课，让课堂充满人文气、融入审美意境，从而引发学生心灵的激荡。纵观已有实践，学生对音乐课的态度、对音准的感知能力、对音乐语言的理解、对音乐教师的态度与探索能力都有明显的改变与提升。

第十一章

小学美术学科教学智慧的课堂样态

《义务教育美术课程标准（2011年版）》指出，面向全体学生，必须坚信每个学生都具有学习美术的潜能，能在他们不同的潜质上获得不同程度的发展；激发学生学习兴趣，并使这种兴趣转化为持久的情感态度；学生在积极的情感体验中提高想象力和创造力，提高审美意识和审美能力；美术课程特别重视对学生个性与创新精神的培养，引导学生在具体情境中探究与发现，找到不同知识之间的关联，发展综合实践能力，创造性地解决问题。面向全体学生，根据不同的人在生活经验上的不同，使之得到不同的发展。这可视为“适合的教育”理念，同时也可作为小学美术“适合发展”课堂构建和实施应该遵循的准则。

小学美术“适合发展”课堂是指遵循学生年龄特点顺势而为的教学，注重内容与学生生活经验的联系，产生迁想妙得的效果，最终促进学生美术素养全面而有个性地发展。

第一节　“适合发展”课堂：《诱人的瓜果》与《双燕》教学片段

教学片段一：《诱人的瓜果》（造型、表现）

师：同学们，你们会画水果吗？试着画一盘水果。

（当学生画完后呈现了两种绘画内容：一种是画了许多种水果，另一种是画了一种水果，但有许多个。画面的构图基本上都是一种形式，平铺式一个一个地画，缺了生动感。为了解决这个问题，教师现场进行了示范讲解）

师：同学们，下面老师为大家画一盘樱桃。樱桃圆圆的，有一根细长的梗。（老师把一盘樱桃编上对应的学号）首先我画1号樱桃，我们班1号同学个子比较高，所以我就画一个比较大的樱桃。1号同学平时喜欢和谁在一起玩呢？

生：1号最喜欢和8号玩。

师：好的，那我就把8号画在1号的身边，8号个子没有1号高，所以我就画稍微小一点。

（同学们觉得很有趣，哈哈大笑起来）

师：接下来我画2号。

生1：2号和我还有11号是好朋友，我们周末都会在一起玩。

师：好呀，那我就把你们三人画在一起。瞧，他俩肩并肩地走在一起，你却躲到他们后面了。

（画完后，教师看着生1，他不好意思地望着2号同学）

师：我对3号同学印象最深的是体育课上的前滚翻，非常灵活。所以我要画一个这样的樱桃，梗朝下的。

（有学生等教师画完后，点点头说：“嗯嗯，就是这个样子。”）

师：我知道4号同学特别有爱心，课间她的身边总围着许多小伙伴，有的手拉手，有的还拥抱在一起。

（教师边说边画出一小堆樱桃。看完教师的示范，有的同学根据樱桃的形状以及和4号的前后关系等，竟然说出其他樱桃对应的同学的学号）

师：哦，23号今天似乎有点不高兴，单独一人静静待着。

生2：是的，他今天有点难受，想吐。

师：所以呀，老师就把23号樱桃单独画在一边。

教学片段二：《双燕》（欣赏、评述）

师：同学们，从画中的池塘你能看出春天来了吗？

（教室里一片宁静，孩子们面面相觑，因为空荡荡的水面除了大树的一点倒影以外，别无他物。终于，有位小男生怯生生地举起小手）

生1：这个水面很安静，就像冰刚融化似的，所以春天就来了。

（从空白的河面中，学生竟然能感受到水面的平静，还能迁移到冰面刚刚融化，真的令人惊喜。不知吴老创作时是否也是这样想的）

师：你的想法太棒了！

（教师情不自禁地鼓起掌来）

师：是呀，平静的河面真的像冰刚融化的，也许有点累了，它们正在安静地睡觉呢，等它们睡醒了，空荡荡的池塘多孤单呀！我们可以在池塘里添加些什么呢？

（经过教师这么一解释，有些学生会心地笑了，有些学生很赞同地点点头）

生2：老师，河里可以画一些小鱼。

师：这个想法不错，那画怎样的小鱼呢？（教师顺手画了一条直条条的小鱼）是这样的小鱼吗？这样的小鱼像在干吗？

生3：这样的小鱼像在睡觉，估计是冬眠了吧。

师：哪种动态的小鱼才能够表示春天来了呢？

生4：画小鱼跳出水面的样子，春天来了，它很快乐。

（教师在黑板上画出一条跳跃的小鱼，四周还画了水花，安静的湖面有了这样的小鱼，真的就会灵动起来，有了生命的气息）

生5：老师，我还是想画一条直直的小鱼。

师：直直的小鱼？这样的小鱼不是在睡觉吗？你是不是觉得跳跃的小鱼比较难画呢？

生5：不是的，我想画一条直直向上的小鱼，它正冲破冰面呢。春天来了，小鱼想到水面上去呼吸一下新鲜空气。

（真没想到孩子能够联系生活常识这么想，教师再一次鼓起掌来）

师：哦，这个想法更有趣，那有什么办法能够表现出冲破的动作呢？

生6：老师，我知道，就像前几天您给我们看《母鸡萝丝去散步》中狐狸跳跃的样子，在小鱼的周围画一些短线条，表示它撞冰的过程。

师：这个办法好，我们来试一试。

（教师在黑板上进行了简单的示范）

师：画面中还可以增加哪些事物表现春天到了呢？

生：在围墙上画一些迎春花，在墙角画一些春笋……春天到了，我们还可以在门上贴一个“春”字，画面最上面可以画一些柳枝……

第二节　教学智慧解析：迁想妙得，顺势而导

《义务教育美术课程标准（2011年版）》中强调要注重美术课程内容与学生的生活经验紧密关联，在生活中形成美好的愿望。

生活是情感的源泉，生活是学生学习的基础、最熟悉的情景，生活更是所有学科共同的基础和意义源泉。把美术教学融合到生活情境中，将生活中的一些美景，令人感动的瞬间，对美好生活、美好事物的情感呈现于作品中，能够触发学生学习的欲望和激情。当艺术与生活建立起内在联系的时候，当学生自己的生活经验关联探究学科问题的情境时，学生的记忆力、想象力和创造力就被激活，产生迁想妙得的奇异效果。当然一切教学行为都要符合学生的年龄、认知特点，顺势而为地引导，才能获得教学的双赢。

教学片段一《诱人的瓜果》是苏少版二年级美术教材中的以“造型・表现”为主的一节美术课。大家都知道一幅好的绘画作品离不开常见的对比统一的审美元素。对于二年级的学生来说，绝大部分学生的画面只有统一，没有对比，画面千篇一律，缺少视觉节奏的变化与活力。要解决这个问题，可以运用迁想妙得，把生活经验和情境还原到画面中，学生通过自主探究，搜寻生活中自己最熟悉的同学，与其对应的水果之间的联系，进行迁想。同学们完全被带入日常的生活中，一颗颗小小的樱桃就是一个个孩子生活中的样子，很快一幅生机勃勃、充满灵气的樱桃画好了。由于同学间的个性差异，学生的画面中自然就出现各种对比的组合，画面也就鲜活、生动起来。

教学片段二《双燕》是自编的一节以“欣赏・评述”为主的美术课，对于一年级的学生来说，他们无须欣赏作品的时代背景，也无法欣赏作品的艺术特色，只需了解画面中呈现在眼前的是哪些事物。但美术课程标准提出，美术不仅要提高学生的欣赏能力，还要激发学生的想象力和创造力。这样的一幅作品，如何能达成这些目标呢？依照课程标准，教师可以把美术学科知识与生活经验、学生体验相关联，通过适合的语言启发，唤起学生内在的情感，从而激发他们的想象力和创造力。作品欣赏中，师生跳出画面原有的内容，在自主探

究中紧密联系生活实际，根据学生的思维顺势引导，这样做的结果就是不断生成精彩纷呈的瞬间和美好体验，最终指向个性的发展，激发学生的想象力和创造力。

迁想妙得是中国画术语。迁想，就是迁动艺术想象；妙得，就是妙得对象精神。“迁想妙得”实际上是提倡把握好创作中画家与描写对象间的主客体关系。本文指代的是学生的生活经验与思维之间的奇妙关系，尊重儿童天性的真，发现儿童潜质的美，开启儿童心灵的善。顺着学生的思维方式，顺着他们千奇百怪的画面，最终形成智慧的教学。

第三节　小学美术学科教学智慧的特点

《义务教育美术课程标准（2011年版）》理念强调通过发挥美术教学特有的魅力，使课程内容与不同年龄阶段的学生的情意和认知特征相适应，以灵活多样的教学方法激发学生的学习兴趣，并使这种兴趣转化为持久的情感态度。兴趣是学习美术的基本动力之一。

“玩”在儿童教育中有独特的地位。儿童的学习从玩开始，在玩中发现并拓展自己的兴趣，有兴趣才有内在动力，有内在动力才有可能有所成就。所以，玩是儿童的天性和特点。就儿童来讲，美术就是一种“玩乐”，“玩”中长智慧，“玩”中创造美，“玩”中展身心。

一、美术课的“创”之玩

在平时的教学中，教师发现学生特别喜欢编故事。他们觉得这样很好玩，既然他们喜欢，那就从他们的兴趣入手。于是，教师在尊重儿童天性的基础上，创设了一系列与编故事有关的教学活动，效果显著。

（一）写生画中的“编故事”

新鲜、自由的外出写生教学形式，学生一定会觉得好玩。然而在美术作业中如何体现好玩呢？

对于低年段的学生来说，用传统意义上的写生要求来进行写生活动实在困难。因为，要把真实的内容完全客观地、完整地画出来需要一定的绘画技巧和能力。其实对于低年段的学生来说，写生的过程既是观察表现的过程，也同样是想象表现的过程，学生们虽然面对着具体的对象，但是在表现的过程中，他们创造出的总是自己客观看到的形象与自己主观觉得应该是这样的形象的结合体。作为教师，应该尊重学生们的这种理解，只要他们的作品中能够体现出写生对象或多或少的特点，而不是完完全全不相干，他们的创作就成功了。为了突出“编故事”，让学生觉得好玩，教学中教师鼓励学生根据写生的内容进行创作。如苏少版美术教材一年级下册的《叶子片片》、二年级下册的《花儿朵朵》等内容，在学生写生的基础上，让学生进行故事创编：这些植物吸引了谁？我们怎么来保护这些植物？通过教师的几个问题提示，学生很容易在自己写生的基础上创编故事。最后让学生之间互相讲述自己创编的故事。

（二）记忆画中的“编故事”

凭记忆构思、构图而作画叫作记忆画。记忆画是培养学生记忆能力的有效手段。它帮助学生们积累知识，增加对所描绘的东西的理解，加强绘画技能，在画记忆画的过程中又包含了创作的因素。记忆画的能力在想象画和创作中起着重要的作用，如何在记忆画中创编故事呢？如一年级下册《我的地图》第二课时，通过记忆画出自己熟悉的马路，表现出马路上发生的故事，教师需要引导学生通过记忆或想象创编马路上的故事。

（三）临摹画中的“编故事”

临摹就是照着现成的绘画作品进行画画。这里的临摹不是指造型简单的简笔画，而是大师的经典作品。在辅导学生临摹的时候应该特别注意，千万不能将是否表现得像示范作品作为学习的标准。我们的目的是逐步地提高他们自己“造型”能力，感受经典作品中的构图和色彩之美。从这一点上讲，应该允许并鼓励孩子们在临摹的过程中加入自己的想象。这些想象也正是快乐的根源。孩子们在临摹的过程中融入自己的东西越多，他们的创造能力也就会得到越快的提高。

如临摹意大利画家波提切利的《维纳斯的诞生》的过程中，有的学生不仅表现了维纳斯、风神、花神，还精心画出了维纳斯诞生时海底的不平静，众多鳄鱼蠢蠢欲动，增添了戏剧色彩，有的学生依据原作的构图画出了自己心中的维纳斯、风神和花神。作业来自名作又有别于原作，这是学生自己的作品，他们一定觉得很好玩。

（四）创作画中的“编故事”

创作画也可称作想象画。所谓“想象画”，就是通过儿童自己的眼光，运用自己的艺术表现形式来自由反映他们对生活、对世界、对内心感受的一种美术形式。这对启迪儿童思维、发展儿童智力、培养儿童创造力等方面有着不可小视的作用。如以动物为原型进行想象创作的作业，鸭子体形较小，喜欢聚集在一起嬉戏。根据这一特点，教师需要引导学生画出各种动态的鸭子，创编集体的故事。长颈鹿最大的特征就是个子高，在教学中，教师要引导学生充分表现长颈鹿的高，利用“高”进行创编故事。比如长颈鹿邀请两个小伙伴到他家做客。当长颈鹿已经开始享受美餐了，两位客人却瞪着眼睛干着急，因为他们够不着长颈鹿家的桌子。

“编故事”适合于各种形式的绘画，它让学生觉得画画是一件非常好玩有趣的事。学生在美术创作活动中获得的快乐越多，在逐步开始比较系统的美术技能技巧的学习时，就越愿意学习，越希望学好。因为他们既从快乐中体会到了成功的喜悦，也会不断地提高自己创造的欲望。不断提高的创造欲望，又会使他们的内心感觉到自己的创造能力不足。

二、美术课的“做”之玩

在美术课堂教学中改变一下常规的用水彩笔、油画棒画画的方式，运用综合材料，对于学生来说具有新奇性和娱乐性，能够调动学习积极性和主动性。新材料是陌生的，天生的好奇心和探索欲会使学生不停地摆弄手中的材料，在摆弄的过程中会有一些偶然的发现。他们会将这些发现与自己的生活体验、审美意象和审美情感连接起来，从而产生一些新的联想，创作的火花就在此时迸发了；新材料的魅力就在于，激发学生的兴趣和欲望，继而激发他们的创造性。

教学中要想运用综合材料，就要有收集材料的习惯。打开学生的百宝箱，里面的材料大致可以分为四类。第一类是自然材料，掉下的叶子、树枝，地上的石头、野花、野果等，每一种材料都包含着自然因素。软的、光滑的、粗糙的、温润的事物都会唤醒学生对世界的知觉和认识。第二类是生活材料，如废旧纸盒、旧衣服、废旧的扣子等，在生活中随处可见。第三类是工业材料，对于学生来说可是稀罕物，螺丝、螺帽、钉子、铁丝等都是学生爱不释手的宝贝。第四类是可以购买的材料，如各种纸张、超轻黏土等。材料的多样性会给学生带来不一样的直观感受，使他们无比惊讶与兴奋。材料有形，创意无限。我们充分挖掘材料的独特性，开设了“玉石文化”“恐龙化石”“创意纸浆画”“小泥人”“敲拓染”“彩色玻璃窗”“青铜的艺术”等创意课程，深受学生的喜爱。在这样的课堂上，学生不仅养成了收集材料的习惯，还能够合理运用材料进行创造，动手能力也得到了锻炼。

三、美术课的“游”之玩

将整合的一些旅游资源带入美术课堂，形成美术的“游”之玩。教师可以在高年段开设美术课前三分钟微课——让学生当小老师，把自己旅游过的名胜古迹、参观过的博物馆、阅读过的艺术书籍，通过PPT进行讲解，来一次“云”游之旅。比如，去过敦煌的学生可以讲述敦煌壁画的某个故事，参观过四川成都博物馆的学生可以讲述太阳神鸟的艺术特色等。通过这样的微课程，让学生充分参与教学，做学习的主人，唤起他们学习美术的热情。这种角色的转换，不但调动了学生学习美术的积极性，而且培养了学生自主查阅资料、筛选资料的能力和口头表达能力。更重要的是，时间一久，学生的美术素养就会在潜移默化中得到提升。

美术教学是一种需要高度教育智慧的活动。优秀的美术教师不仅需要丰富的知识技能和方法，更需要巧妙、灵活的教育智慧。“玩”就是顺应儿童的心理，时时激发儿童的学习热情，最终把玩耍转化为兴趣，兴趣转化为专长。只要巧妙利用“玩”的教学，就能有效地提高学生的综合能力，激发和培养学生学习美术的兴趣，创造良好的课堂环境，活跃课堂气氛，从而使美术教学更加丰富、精彩和生动。当然，在“玩”的过程当中，情境是多变的，心境是不同的。玩的内容也不尽相同，创意也就不会相同。没有了创作的压力，没有了作品质量标准的约束，儿童的思维才能更加自由、灵动，才会呈现出突破常人思维的经验。可见，“玩”是孩子天马行空创想的内在源泉。教师需要更多关注儿童美术创作的过程，而不仅仅是美术作品本身。给孩子更多的时间、空间去玩，去创作，让他们在这些过程中去体验、去思考、去感受所要表达的内容，从而激发其艺术创作的热情，呵护儿童独特的内心世界。

第十二章

小学信息技术学科教学智慧的课堂样态

《义务教育信息技术课程标准（2011年版）》提出：义务教育阶段信息技术教育的课程目标是为了培养、发展学生积极学习和探究信息技术的兴趣，养成、巩固良好的信息意识和健康负责的信息技术使用习惯，形成、提升信息处理能力，培养、强化学生使用信息技术支持各种学习和解决各类问题的意识和能力。因此，信息技术教学过程中应着重调动学生探究信息技术的兴趣，通过自己的实践操作培养他们用信息技术解决实际问题的能力。

小学信息技术在这方面更应注重在课堂中针对小学生的特点，适合性地开展课堂教学，要求教师应用适合的教学方法，促进学生的信息素养全面而有个性地发展。

第一节　“适合发展”课堂：《认识计算机》教学片段

小学阶段信息技术课程的目标在于，让学生通过动手与动脑相结合的体验，初步掌握应用信息技术的基本技能，结合生活与学习实际理解信息技术的重要性，开始形成健康应用信息技术的习惯，勇于尝试应用信息技术富有个性地解决实际问题。三年级信息技术学习是整个信息技术学科的起步阶段。在信息技术基础模块中，多以理论性知识为主，教师也是按照书本将理论知识传输给学生，所以学生在前期对信息技术课程的兴趣被消耗。因此，教师要从学生的视角看待课堂，以兴趣为起点，以活动为载体，要让学生在“玩中学”“做中学”，通过设置符合学生年龄特点及认知规律的实践活动，让学生逐步掌握每节课的知识点，探寻适合其发展的信息技术课堂。

《认识计算机》是三年级信息技术基础模块的第二课，旨在让学生认识计算机的基本组成。本课属于教材中的基础模块，与第一课不同的地方在于，本课的内容是计算机的基础。认识计算机首先要从外观上观察，知道各个部件的名称，也就是计算机硬件。一般来说，计算机结构都是根据冯·诺依曼理论来划分的，所以本课教学内容的设计也是围绕冯·诺依曼结构来介绍计算机硬件知识。课本多以图片的形式呈现，辅以文字解释。在三年级一个班进行授课时，教师按部就班地让学生在抱臂坐端正的情况下全程听讲解。

经过前面一课的学习，学生对信息有了初步的了解。在信息世界里，计算机是一种重要的信息处理机，当然需要重点了解。在生活中，家庭计算机的普及使家中有计算机的学生占90%以上。学生对计算机的兴趣非常浓厚，在生活中已经潜移默化地接受了很多计算机知识，但是缺少系统学习。他们也渴望系统学习计算机知识，迫切地想要动手尝试操作计算机。

师：今天我们来学习第二课——《认识计算机》。哪位同学能够告诉老师，计算机、计算器、电脑三者之间有什么相同和不同点呢？

生：电脑是对计算机的俗称。

师：没错。计算器则是我们用来计算数学题用的工具。那常见的计算机都有哪些呢？

生：台式电脑、笔记本电脑、平板电脑……

师：回答得很棒。接下来大家对照书本上常见台式计算机的图，告诉老师它都由哪些部分构成。

生：显示器、主机、键盘、鼠标器、音箱。

师：是的。接下来我们就一起来看看主机，主机中包括中央处理器（CPU）、主板和存储器等器件。存储器又分为内存储器和外存储器。除了主机外，还有外部设备。外部设备按功能又可以分为输入设备和输出设备，请大家对照书本熟记。

一节课的内容在教师的讲授中完成。讲授后，学生复习回顾，效果却不是很理想。反观刚刚在教师讲授过程中学生的状态，相较书本上的图片和文字，他们似乎更倾向于盯着面前的实物看，眼神中还透露出迫切想要摸一摸、用一用的期待。那么问题出在什么地方？

当一节课结束时，有个同学晃悠悠走到教师身边，小声地说道：“老师，为什么感觉这节信息技术课这么没有意思啊？”教师一听，心里很失落：难道信息课不应该是小朋友们最感兴趣的一门课吗？嘴上却还是狡辩着说道：“因为这节课都是理论知识呀！”学生反问道：“难道理论知识都是这么枯燥的吗？”

是啊，难道理论知识就应该枯燥吗？理论来自实践，为什么不能让学生在实践的过程中自己提炼出相关的理论知识，教师再加以补充与精简概括呢？

教师还是学生的时候，自己动手实践后得到的无论是成功经验还是失败教训都是那么印象深刻，为什么在自己成为教师后，却不能站在学生的角度去看看呢？于是，教师重新备课，发现从学生的角度看课堂，备课写教案就成了一件很轻松的事情。在信息技术学科的课堂中，学生更倾向于摸一摸自己眼前的计算机，敲一敲那在平时上课中被要求收起来的键盘，点一点那被要求摆放在显示器下方的鼠标。这些设备到底是属于输入设备还是输出设备，相信在动手实践过后，在教师的点拨下，枯燥的理论知识也将变得更加吸引人。

于是在第二天的课堂上，教师开始了大胆尝试。围绕本节课的内容，将课堂时间交给学生。

初次尝试，问题尽显。学生的兴奋度较高，很难统一，导致课程进度无法正常完成；由于缺少明确的任务，他们的操作变得盲目，纯粹为了操作而操作。

痛定思痛，教师于是将教案中的教学内容以任务形式展开，并设计了任务学习单，学生带着任务自主研究眼前的计算机，顺着那一条条连接线，找到鼠标、键盘抑或是主机、显示器之间的连接关系，在书本的帮助下，更好地了解相关组成部分。关于主机部分，教师大胆地拆开了一个主机的外机箱，让学生直观地观察并用手去触碰；同时在课堂中，尽量避免出现计算机专业术语，将这些术语转变为大白话，用贴近生活的实例打比方，加深学生理解。学生在实践后，通过感兴趣的游戏形式，准确地找出并说出相关组件的名称。整节课从视觉、触觉入手，再借助游戏的形式，冰冷的零部件名称、作用及枯燥的理论知识自然而然地融入学生的记忆中，而教师只需在学生认识的基础上进行补充讲解，进一步加深他们对知识点的印象。整节课流畅、自然，从学生问题出发，逐一解决。学生轻松地认识了各个组成部分及其名称，初试牛刀，无论是点击、敲击，抑或是对显示器的按键的操作，不管对错，他们总能勇敢地说出来，从每一步操作得到反馈。基于这些反馈，他们结合自己学习单填写的内容，再生成自己的想法。理论课原来也可以这样“生机盎然”！虽然课堂中也存在学生获取的是错误信息的情况，但同伴间的交流与讨论，让这些知识点更深刻地印在他们的脑海里。最后是对自己的学习单进行修改和完善，他们通过讨论及交流学习单的内容，对整节课的知识进行了自我回顾与整理。

第二节　教学智慧解析：巧用适合方式，掌握理论知识

整节课下来，比起上一次上这节课，教师觉得轻松很多，不必长篇大论地讲那么多的理论；学生学得也很开心，不再是毕恭毕敬地坐着干听教师的滔滔不绝，自己动手得来的总是记忆犹新，真是“纸上得来终觉浅，绝知此事要躬行”。

“老师，这节课真好玩！”学生在下课后恋恋不舍地说道。学生也终究是孩子，哪有不爱玩的孩子呢？不用说孩子，就算是成年人，试问在新买了一部手机后，是否真的是先研究说明书，再去操作手机？就算在操作新手机过程中有错误，在一次次的试错后，终究不也摸索出正确的操作步骤吗？

一、游戏教学方式的应用

这次是对课堂教学方式的转变。转变的不仅是教学模式，更是一种看待课堂的视角。在主要以理论知识为主的课堂上，让学生在玩中学，在学中玩。

教学环节中穿插了多次游戏环节。在信息技术教学中，以游戏方式进行的教学模式，不但激发了学生的学习兴趣（小学阶段，学生不清楚掌握信息技术这门学科有什么作用，因而学习动力较低。但是，玩是孩子的本性，这点在小学生中表现得尤为突出），而且让学生认识到信息技术如何在生活中得到利用。同时游戏教学方式的应用，在一定程度上也有利于学生创新思维的养成。在传统的教师在讲台上讲课的教学模式中，讲台下的学生只是纯粹地听，但以游戏的形式与学生进行互动，增加了学生学习积极性，利于学生养成良好的创新思维。

二、任务驱动的巧妙设计

通过任务驱动有利于调整教学思路，树立明确的教学目标。任务驱动教学法作为构建主义教学理论的一种，使学生在真实的情景下学习，通过探究及思考解答问题。比如在本节课中，学生通过任务单，依次认识组成计算机各部分

配件的名称及作用，并填写在任务单上；教师起到一个引导作用，让学生在正确的思路下回答问题。教学过程由繁到简，让学生自主找到解决问题的正确方法，并能够快速顺利地完成教师所布置的任务，从而让学生在遇到问题时能够把信息意识、计算思维、数字化学习与创新等信息学科的核心素养综合运用，提高自主分析及解答问题的能力。

三、学习单助回顾

在本节课中运用任务学习单，一方面可以帮助学生明确自己的任务和学习目标，指明本节课自己所需研究操作的方向；另一方面，在学生学习完这节课内容后，能够通过学习单，对本节课的知识点进行整理与回顾。知识是人们认知的结果。在信息时代，我们不仅希望学生掌握知识，更希望学生获得掌握知识的方法，所谓“授人以鱼，不如授之以渔”。埃德加·富尔在《学会生存》一书中表达了这样一个观点：未来的文盲不再是不识字的人，而是没有学会怎样学习的人。教会学生学习已成为全世界流行的口号，教学中能够把结果变成过程，才能使知识内化为个人的智慧，创造能力的培养比达成知识、形成技能更重要[1]。

[1] 史文成.运用探究型任务学习单培养学生创新思维[J].教学月刊（中学版），2006（08）：19-20.

第三节　小学信息技术学科教学智慧的特点

就如前面的案例中所讲，教师有时会忽略学生的第二个身份——孩子。三年级学生在这个年纪，正是爱玩的时候，一整节课要求他们规规矩矩地坐着只听教师讲解，确实有点枯燥，更何况是信息技术课呢？

一、多样化的教学方法提高课堂效率

小学信息技术学科一直很受学生们的喜欢，但在三年级信息技术课中，有一大部分理论知识，如果教师仍按传统教学方式进行教学，学生就会慢慢磨灭对这门学科的喜爱。对于前期的理论知识，学生只能听却不能动手实践，会逐渐失去主动学习的积极性，因此为了调动学生的学习兴趣，教师可以采用多样化的教学方法。学生的学习兴趣有了，学习积极性高了，课堂的学习效率自然会提升。如在三年级信息技术“认识画图”一课中，可以将课堂的主要时间交给学生，让学生自己探究，动手在画图软件中画一画、涂一涂颜色，尝试说出自己使用的工具，介绍工具的位置及功能；再以小游戏的形式，让学生巩固画图组成部分的名称及位置。学生在此过程中，不仅减轻了对画图软件的陌生感，也提高了学习热情。

二、做一个能够带着学生一起玩的教师

爱玩是孩子的天性，我们学校尊重每个孩子的天性。结合小学信息技术学科的特点，我们教师可以在教学方法、教学模式的选择中，融合游戏，在充分调动学生学习积极性的同时，让他们完成相应的学习任务。例如在三年级第一课中，需要带领学生了解抽象的信息，掌握信息在日常生活与工作中的获取、存储、加工、传递方式；教师对这部分的教学内容进行了设计，以游戏的形式贯穿课堂，帮助学生理解眼睛看到的、耳朵听到的、鼻子闻到的、嘴巴尝到的、身体触摸到的都是信息获取的过程；利用“传声筒”游戏，概括总结在整个游戏过程中对信息的获取、存储、加工、传递环节的认识。

三、课堂还给学生，让学生做课堂的主人

信息技术课堂较其他学科课堂最大的不同在于，学生需要用大量的时间去进行实践，通过实践巩固自己在本课中所掌握的知识点。在现今的课堂中，教师更多地选择了传统的教学模式：教师抛出问题，带领学生解决问题，学生实践练习。因而整节课中课堂的掌控力在教师手中，而学生更多的是被动地吸收知识，所以我们经常可以看到学生不愿听、不愿操作的现象。换个视角看，这样全程被把控着的“我”，也不太愿意主动汲取，那为何不将课堂还给学生，教师只是带领学生在本课伊始确定主要学习内容，让学生通过自主尝试、自主练习去发现问题？这时，教师可以充当问题的收集者。学生中有能够解决问题的，那么“小老师”就此“上线”，带领大家一起分析问题、解决问题；出现学生不能解决问题的情况，教师则加以提示，通过学生之口讲出来，将课堂时间交给学生，让学生成为课堂真正的主人。

在当下，信息技术作为一种工具被越来越多的人用于教学。如何提高学习者的“信息素养”已成为当今教育需要面对的问题。我们的信息技术教育要从“以教为中心”向“以学为中心”转变，尊重个体的主体性，站在学生的视角，不断探寻出一个适合他们的信息技术课堂，充分发挥其自主性、积极性，挖掘个体的潜能，使其能自由而全面地发展，以适应和改造快速变化的社会。

第十三章

小学道德与法治学科教学智慧的课堂样态

“道德与法治”是一门新的综合性课程，源于“品德与生活”“品德与社会”课程。自2002 年德育课程改革以来，以“回归生活”为主导的理念编写的小学品德课教材取得了长足进步，但由于教材的展开逻辑与目的都聚焦于“我的生活”，出现了以“过好自己的生活”为核心目标的现实偏转，存在着伦理立场的唯“我”无“他”、生活思路技术化，以及道德逻辑的功利化等伦理隐忧。

新版道德与法治教材将涵养实践智慧作为“学习做人”的核心。中心任务是教孩子“学习做人”。这不是一个单纯的知识学习过程，而是在综合、整体、深入的意义上实现“对生活的洞察”，是一种获得实践智慧时打破“自我中心”的倾向，成为“在世界历史中”的人；注重文化共同体的节日、习俗教育，注重引导儿童与“过去”对话，使儿童成为文化传统的承载者，引导儿童通过“回望”去品出生活的文化与道德的意蕴；超越技术主义和狭隘的功利主义思维，引导学生思考如何根据自己的实际情况，发现适合自己的好办法；挖掘生活事件的意义与价值内涵。做人的智慧来自对生活意义的领会，引导学生对生活事件中人与人之间的关系进行了解，对生活中无处不在的关爱进行领悟，从而感受生活当中的意义与价值，进而懂得感恩。

面对均以学生现实生活和活动为主线，洋溢着对自然和生活的热爱的教材，教学中应突出趣味性，激发学生的想象力，力求从生活小事中渗透法制教育，从而更富有智慧。在实际操作中，教师可以采用多样化的形式，贴近生活，注重体验，使学生在玩中学，让课堂充满智慧样态。

第一节 “适合发展”课堂：《别伤着自己》教学实录

《别伤着自己》是道德与法治教材一年级上册《家中的安全与健康》主题的第三课。本课围绕儿童日常生活中常见的意外伤害，让学生体会意外伤害给自己和家人带来的痛苦和烦恼，从而懂得避免意外伤害的必要，初步形成自我保护的意识和能力。

教学片段

师：同学们，你们看，这是谁呀？

生：大耳朵图图。

师：他今天给大家带来了一段动画片。（播放动画片）大家看完有什么感受？

生：图图受伤了，淘气的小豆丁使图图的头上磕出大包。

师：是呀，伤害随时可能发生，如果不小心就会受伤。今天我们来学习“别伤着自己”，学会保护自己。

（学生齐读课题）

【**教学分析：**课堂一开始，教师用孩子们熟知的动画人物大耳朵图图激发学生参与活动的兴趣，通过观看淘气的小豆丁使图图的头上磕出大包的动画片，引出伤害随时可能发生，不小心就会受伤的话题。】

师：图图邀同学们去他家看看。你们觉得他家的物品及设施有没有安全隐患？让我们一起帮图图找找家中的安全隐患吧！

生1：我发现通电的插座有危险。

生2：我发现尖锐的剪刀和成人的药品不安全。

生3：我发现装满热水的水瓶、成人化妆品、桌凳都有危险……

师：请同学们取出装有学习单的两个信封，分别装着红色学习单和蓝色学习单。各组组长先抽取红色学习单里的活动范围，包括餐厅、厨房、卧室、卫浴、客厅、儿童房。

小组内完成活动一：寻找安全隐患。同学们在组长的组织下，找出房间里的安全隐患。各组代表汇报后，其他的同主题小组做补充。

师：同学真棒！一下子就找到了图图家各个房间里的隐患。现在你作为一个小监理，能帮助图图家消除安全隐患吗？请同学们用笔标注出来并交流自己的建议。

小组内完成活动二：消除安全隐患。同学们化身为安全监理，以小组为单位，用水彩笔在学习单一上标注修改建议。

师：现在看看谁是最厉害的小监理。请组长拿出蓝色学习单，将本组修改意见与安全清单做对比，看看有什么差别，然后再补充到红色学习单上。

小组内完成活动三：对比安全补充。组长拿出蓝色学习单，带着组员将本组修改意见与安全清单做对比。

【**教学分析：**请同学们化身为安全监理，进行角色扮演。一年级学生比较小，不必拘泥于画得是否准确，能提高安全意识即可。以小组为单位，用水彩笔在学习单一上标注修改建议，找一找、改一改，再比一比，使学生们意识到自己可以更好地保护自己和他人。】

师：同学们的小监理当得真好。图图特别感谢大家。现在我们要向更多大同学介绍如何保护自己。想不想设计一副安全棋，在学校跟小朋友玩，回家还能跟小伙伴玩，教会他们要注意哪些安全？请同学们想想可以设计什么？

生1：不在楼梯上奔跑。

生2：不在床上跳。

生3：不在厨房玩刀……

师：我们把这些填写在老师给大家的安全棋上。正确的做法可以前进，错误的做法要倒退。特别特别好的可以前进3步，相反，特别不好的要退3步，甚至退到起点。

（学生开始制作安全棋）

师：请××同学带着他的安全棋来玩给大家看（见图13-1）。

（让学生在小组内玩自己设计的安全棋）

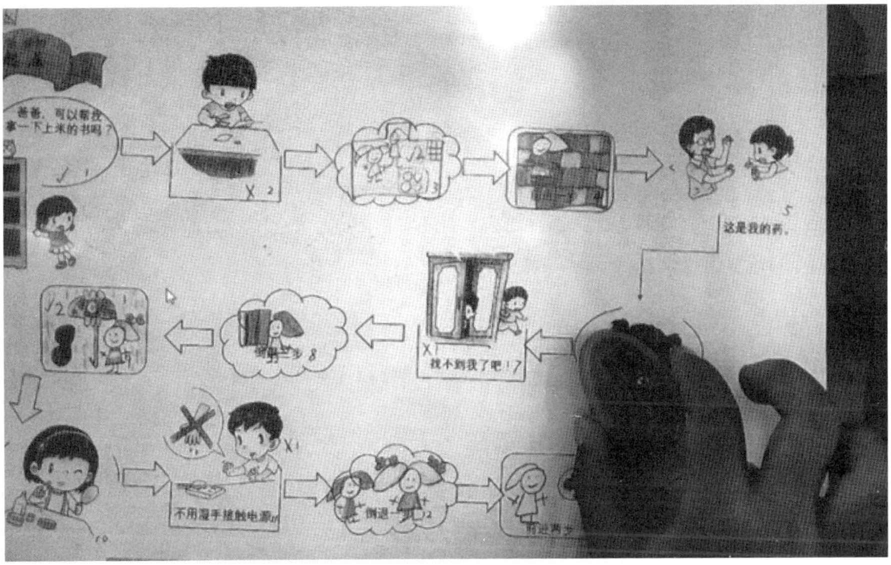

图13-1　安全棋

【**教学分析：**为了让同学们真切地认识身边的危险，保护好自己，本节课最后环节，教师请同学们设计一套安全棋的棋面，将安全知识画出来，通过游戏，帮助周围更多小朋友增强安全意识，学会自我保护。教师出示的这张对教材加工改进后的棋面，除了保留部分书上插图，教师故意留白给同学们自己设计更多的棋面。做法正确可前进，做法错误只能后退。同学们设计好棋后，教师指导同学们玩游戏棋，同时鼓励同学们课后、回家后都可以玩一玩，旨在增强同学们的安全意识，提升保护自我的能力。这个玩安全棋的环节是对孩子居家安全隐患防范方法是否掌握的检测，也是对教材内容的补充。】

第二节　教学智慧解析：妙从玩中来

现在的孩子大部分是独生子女，让孩子健康安全地成长是家长的美好愿望。一年级的学生活泼好动，好奇心强，但辨析能力差，又缺乏生活经验和自我保护意识。家长多忙于工作，没有更多的时间和精力照管孩子，以致儿童意外伤害事故非常多。根据以上情况，教师制订出本课的教学目标并设计活动，努力让课堂开放化、活动化，呈现出鲜明的生活化特质。整个教学过程中，教师由单纯的知识传授者转变为学生活动的指导者、支持者和合作者，努力创设适宜的活动环境与条件，灵活多样地选用教学活动和组织形式，结合实际让学生在玩中获得安全体验，培养学生的品德和习惯。

一、演一演，唤起“安全经验”

在导入环节，教师以“图图磕包”动画片引出本课的学习主题——“别伤着自己”，希望让儿童在感性的动画中明白“安全”的重要性，感知学会保护自己的必要性。

在教学的展开部分，教师努力让课堂回归儿童生活，设计活动让学生们轻松获得安全知识和体验。首先引导学生“发现”生活中的安全隐患。接着请学生观察图图家存在的安全隐患，将“安全”还原回生活中，让学生初步地感受安全没小事，生活中时时都存在安全问题。最后，请同学们以小组形式共同完成“消除安全隐患”活动。每个学生都化身为安全小监理，根据已有的安全经验帮助图图家改造。这个环节中，每个同学在有趣的角色扮演中唤起自身的生活经验，感悟到自己可以保护自己，同时还能帮助他人，懂得安全的意义重大。这一生活化的课堂教学设计，不同于那些直接告诉学生“安全的重要性”的教学做法，而是让学生在小监理角色扮演中感受到这种本领就“在自己的生活中”，不仅让学生在演一演中感受到快乐，同时让他们再次领悟了安全地保护自己的重要性。

消除家里的安全隐患环节，“安全小监理”身份更能够调动学生自己保护自己的内在体验，让他们意识到自己平时是如何做好自我保护的。然后，教师要引导小组同学们分别从餐厅说到厨房、卧室、卫浴、客厅、儿童房等，大家交流、碰撞的过程就是对学生自身经验的整理和加工，从而将其自身的经历制作为一种可以进行思考、玩味的“经验”。这种挖掘自身经验的角色扮演游戏，实际上就是敞开学生生活中不经意的、习以为常的生活，不让这些未经整理的经历从学生生活中溜走。将学生日常生活中一个又一个看起来微不足道的经历转化为经验，让学生恍然大悟：原来这样就可以很好地保护自己……生活性强的教学设计，就是我们唤醒和激活学生生活经验的出路之一。

二、比一比，升华安全意识

本课的教学目的是让学生学会遇到意外时的处理方法及平时生活时自己应注意什么。在教学中，教师努力让课堂成为学生学习生活的场所，把生活引进课堂中再现。教师设计了餐厅、厨房、卧室、卫浴、客厅、儿童房等儿童熟悉的空间。为了让学生们讨论充分，每个组只抽取一个主题讨论。学生们在组内边讨论边标记安全隐患。本组交流结束，其他同主题小组在比对中做补充。等全班各个小组都说完，大家从餐厅研究到厨房、卧室、卫浴、客厅、儿童房，安全问题全部研究完毕。

学生们看似在玩游戏，其实在对比中更加明确家中的安全事宜。比如在厨房必须注意安全，千万不能接触火，刀具不可以随便拿，应该放在远离儿童的地方，如果想尝试用刨刀削苹果皮必须在大人的监督下。儿童房里的书桌、书橱等有尖角，注意不撞头，可以安上保护角……在对比中碰撞出智慧的火花，学生从他人身上获得经验，并逐渐内化为自己的经验。

接着，同学们再次打开信封取出蓝色学习单，与自己修改过的红色学习单进行对比。听听别人的经验，想想自己以往的经验，跟别人比比，再跟自己比比。安全的示范就在眼前，同学们静下来各自核对，不觉中安全意识初步形成，安全经验不断积累。在游戏的过程中，学生通过个例分析、图片讲解，明白了如何避免伤害，知道了防范意外伤害的基本方法，进一步发展了自我保护的意识与技能，而且在活动中还提高了实践能力、解决问题的能力、模仿能力、创造能力、思维能力等。这充分体现了新课程标准的指导思想：品德课来源于生活，通过交流、分析、演示、讨论、判断、评价等多种手段，将生活范例上升为理论、经验后又去检验学生生活，帮助学生获得彼此联系的、不断深化的经验和体验。教师善于从学生的生活中敏锐地捕捉有价值的课题，开展学生喜欢的活动，“学生家庭安全清单”使学生主动积极地参与其中，生活得到充实，情感得到熏陶，品德得到发展，价值判断得到初步的培养。

三、玩一玩，创造有效经验

这个环节的设计是本课教学活动的拓展部分，请同学们设计安全棋。制作过程中，大家对“倒退三步”这处留白特别感兴趣，有的同学设计高空抛物玩耍“倒退三步”，有的同学设计在窗户边上攀爬“倒退三步”，有的同学设计在床沿上蹦跳“倒退三步”，还有同学设计在厨房里玩打火机“倒退三步”……仁者见仁、智者见智。教师请同学们思考：因为有安全问题而倒退的儿童不能做到保护自己的真正原因是什么？经过讨论我们认为有：玩起来忘乎所以；特别想自我尝试，变得更能干；好奇心重，想体验一下；怕麻烦，随手为之；模仿成人，不明白危险所在……回到儿童真实的生活之中，我们会发现，儿童不能做到保护自己的原因千差万别。我们只有找准真实的情况，才能将他人经验有效嫁接到儿童自身的经验中。

同学们根据各自的体验，设计留白棋面时思考自己遇到类似危险如何处理，对学生而言，就可能是有意义、有价值的。此刻学生能够了解他人遇到危险的处理方式、策略和技巧等。在这样的对接过程中，学生相应的经验才能得以提升与生长，以后遇到类似情况就会注意了。接着学生们玩起棋来，不在乎谁输谁赢。学生们一个色子一盘棋，在一次又一次的游戏中反复进退，明白安全的重要性。在方寸间收获的是平安，是幸福。

“玩中学”是针对一年级学生的天性——好玩、好学、对新事物有强烈的好奇和探索精神，让他们在玩耍中，在不知不觉中学到知识、增长能力，因此不失为一种生动活泼的教育方法。课堂中，开展丰富多彩的活动，比如设计游戏棋，将其作为课堂教学活动的拓展环节。教师的设计回归生活，表明安全问题无小事，展现安全问题在生活中的复杂性，深化儿童对安全问题的认识。此外“迷宫”谜语、直觉思维训练、科学小实验等根据各种主题特点开展的“玩中学”，有利于学生在态度、情感、价值等方面综合发展。

第三节　小学道德与法治学科教学智慧的特点

本课是关于生活经验的“回归生活”的德育课堂，让学生“演一演”“比一比”“玩一玩”，通过“玩中学”的过程，学生自己解决安全隐患，从而激活沉睡的、被忽略的生活经验，让学生意识到类似问题也可能发生在“我”身上。这让教师更深切地体会到回归生活的德育课堂的价值。让学生回归生活，是帮助学生实现对自己生活的一种新的叙述、解说，重新整理自己的生活，显现生活本身，这无疑会开拓和加深学生的自我认识，帮助学生以新的眼光来看待自己和自己的生活。这样的德育课堂不仅能够让学生经历一种美好的道德学习，也能成为学生一生中宝贵的经验。小学道德与法治学科教学智慧有以下三个主要特点。

一、创设教育情境，提升德育新技能

所谓德育情境，是指为实现德育目标而创设的情绪氛围，在营造的情绪氛围中展开思想品德教育，使受教育者能身临其境，感受体验，移情共感，互动交流，最终实现德育目的。

人类的一切真知始于实践活动。学生的亲身活动有利于获得感性经验，从而实现其认知的内化，促成认知、情感、行为的和谐发展。让他们在亲自实践操作的过程中，获得丰富的关于客体的感性认知，进而引发强烈的自我道德需求，并上升为理论性的道德认知，内化为道德行为。因此，在《别伤着自己》的教学中，从本课的实际教学来看，其实质是关于生活经验的“回归生活”的德育课堂。

学生的生活是教育的出发点和最终归宿，是道德智慧发展的肥沃土壤，更是学生参与体验的源泉。脱离了生活的基础，学生就无法产生相应的情感体验，所有的道德概念对他们来说也就成了外在的东西，教育也便成了“无本之木”“无源之水”。因此，我们要在少年儿童的真实生活中，紧紧把握教育的契机，创设好教育情境，时时渗透分享教育，由此引发学生的情感体验。如利用学校在各班开设“图书角”这一时机，让学生以自愿的形式，从家里带来好书，与同学分享；然后，让大家来评论或推荐自己看过的一本好书。在一系列的活动过程中，学生先是经历了“要不要分享”的考验，接着再共享好书，评论或推荐自己看过的一本好书。在这些情境中，他们感受到分享与被分享的快乐，由此形成分享的观念，乐于与人分享。总之，为学生创设活生生的活动、生活情境，能充分唤起他们的社会经验和体验，使他们对复杂的道德文化信息有切身的感受，从而使学生获得真实感情和思想。

二、观看插图说话，发掘教学新思路

道德与法治课本中的插图特别多。要使教材处于被“激活”的状态，教师必须正确理解教材。道德与法治教材中的图例有重要的功能。首先，它们能够展示儿童的生活事件。道德与法治教材中生成的教育话题和范例大多是学生的普通生活事件，兼顾非日常的生活事件。它们展示了学生日常生活的场景，能够促进教材中的学生与教室中的学生形成“你我之间”的对话关系。其次，它们能够指引教学活动。图例呈现出大量能激发学生探究的话题或引导学生参与的活动。此外，它们还能够融合两种文化。每一幅图例中的主体都是儿童，但其背后却暗含着成人对儿童的示范和指导，图例融合了儿童文化和成人文化。

教学中，教师可以使用图例来引导对话，不是“看图说话”，而是构建真正意义上的“教学对话”。教师根据图例对教学活动进行指引，并创设活动情境，引导学生在活动中学习道德知识，体验道德情感，实践道德行为；同时可以在充分理解编者意图的基础上，立足学生的生活实际，合理开发教学资源。学生真实的生活才是最鲜活最有意义的教材。比如《别伤着自己》一课，教师为了让学生真切地认识身边的危险，请学生对书上的插图充分交流后，自我设计一份“安全棋”。“安全棋”上除了部分书上的插图，教师故意留白给同学们自己设计。如果做法正确则可前进，如果做法错误则只能后退。在制作过程中，大家对“倒退三步”的这处留白特别感兴趣，设计出高空抛物玩耍“倒退三步”、在窗户边上攀爬“倒退三步”、在床沿上蹦跳“倒退三步”、在厨房里玩打火机“倒退三步”……仁者见仁、智者见智，达到了意想不到的好效果。

三、把握课堂活动，生成课程新资源

生成性资源是在课程实践中动态生成的，具有主体依附性和价值内隐性等特点。作为一门与生活有着密切联系的课程，如果能及时发现、挖掘生活中和课堂上的生成性课程资源，并由此开展灵活的、有针对性的教育，将对提升道德与法治课的教学效果有重要作用。生成性课程资源是在师生互动以及生生互动过程中产生的，超出了教师教案设计的新问题、新情况，即在言语、行为、情绪表达中出现的“节外生枝”的情况。教师首先在心理上不应觉得麻烦，可以有意识注意并加以利用。这需要一定的教学机智。教师可设法挖掘生成性资源的德育意义，将其转化为新的教学点，积极引导学生互动，在最合适的时间生成课程资源。比如2021年7月以来全中国都在进行“双减”，学生们分析，虽然表面上他们的时间变多了，但还是存在以下三种“病”：第一种是“学习机器病”，周末从早到晚一直学习，上课所学无法消化；第二种是“提线娃娃病”，自己没有自主权，父母让干什么就干什么，没有自由的时间和空间；第三种是“电子游戏病”，一些同学缺少父母监管就由“万能电子保姆”陪伴，学习早就抛到九霄云外。如果生了这几种“病”怎么办呢？同学们畅所欲言，一致认为第二种和第三种不好，但是针对第一种情况，起初有同学认为非常完美，因为学生就应该以学为主。可是从早到晚都在学习真的好吗？在实际的教学过程中，学生难免会出现与课堂主题不同，甚至相反的意见。教师抛出问题后，大家立刻联系自己看到的、听到的生活实例，观点得到澄清，很快变成共同持有的意见，这种“苦学”并不好。此时教师适机引导，达到了更好的教育效果。

道德与法治课堂教学随时都有可能发生意外，随时都有可能出现生成的资源。尽管如此，充分的预设依然是课堂生成的前提与基础，二者并不矛盾，而是相辅相成的。教师在预设中考虑各种可能性，并设想相应的解决方案，才能在课堂中更敏锐地捕捉到生成的契机，有效地处理好生成问题，生成课堂的智慧。

第十四章

小学综合实践活动学科教学智慧的课堂样态

努力探索体现不同学科特点、不同学段学生的认知规律，适合全体学生发展的适合教育的课堂，是我们一直以来的追求。综合实践学科是一门比较特别的学科，与其他学科最大的区别就在于注重学生的动手实践能力，通过不断尝试、体验，让学生发现、总结问题，从而积累经验，培养解决问题的能力。综合实践活动课程要求关注学生的日常生活，活动主题要立足于学生生活实际，活动过程强调学生的活动主体性。教师如何在活动中智慧地指导学生对个人感兴趣的领域提出具有一定新意和深度的问题，开展广泛的实践探索，抑或采用何种形式，调动学生参与活动的积极性，掌握获取信息和处理信息的能力，综合运用知识分析问题，用科学方法开展研究，在亲身实践中培养从事探究活动的正确态度，增强解决问题的实际能力，一直是综合实践活动教师的求索。

第一节 “适合发展”课堂：“走进饮料世界”两次主题活动对比

“走进饮料世界”来源于三年级下册第一单元考察探究类的推荐自主选题“饮料与健康”。

炎炎夏季，许多青少年酷爱喝冰凉饮料来解渴消暑。市场上琳琅满目的饮品让人们难以抉择，而正确选择饮品却与我们的健康密切相关。不少家长认为果汁、牛奶等饮料总比白开水有营养，既然孩子不愿意喝白开水，于是就对孩子喝饮料听之任之。为了纠正这种错误认识，我们把综合实践活动的主题确定为“走进饮料世界”，让学生从身边存在的问题入手，多方位、多维度对饮料进行研究，从而了解饮料背后所蕴含的相关知识。经过上一学期综合实践活动课程的学习，学生们对资料搜集已经有了一定的经验，动手能力有了一定的基础，然而实践操作以及自主探究的能力还存在一定问题。因此，本次活动希望通过分析和调查、采访、收集资料等手段，加强学生对健康饮料的了解的同时，在实操中增强学生提出问题、解决问题、团结协作等方面的能力和意识。

本次主题活动进行了两次呈现，效果却大相径庭，原因何在，请看前后两次活动的再现与对比分析。

一、活动导入

初次“走进”饮料世界 （第一次导入设计）	VS	再次“走进”饮料世界 （第二次导入实录）
1. 在电视节目中，广告占据了较多时间，铺天盖地的广告实在让人眼花缭乱。现在，老师也给你们带来了一则广告，请看！（播放某饮料的视频） 2. 今天，我还带来了你们身边一些老朋友的照片，现在大家看看你们的老朋友都有谁？		1. 通过活动，规范行为 师：同学们好，很高兴又和大家见面了。在上课之前我们先开展一次小小的竞赛活动，看哪一组先把饮料喝完。 请听竞赛规则： （1）老师发令同时开始。 （2）不允许将饮料洒在桌上。 （3）完成后就举手。

<table>
<tr>
<td>3. 同学们一定觉得很亲切吧？实际上它们都属于同一家族，那就是——饮料！
4. 你还知道哪些饮料的广告语？
5. 同学们说说平时喜欢什么饮料，为什么？
6. 随着生活水平的不断提高，近几年来，超市中可见的饮料数量越来越多，品种也越来越丰富，饮料已成为大多数人生活中不可或缺的一类饮品。那么，对于饮料还有哪些我们不知道的秘密呢？从这节课开始，我们将“走进饮料世界”，让我们在口味各异的饮料世界中尽情遨游吧！</td>
<td>（4）奖励速度快纪律好的小组。
师：第五小组与第一小组可以说是同时完成，但我要表扬第五小组，你们知道为什么吗？
生：第五小组最后还将杯子收集了，放在那里。
师：对，活动之后我们不能忘记最后的一些扫尾工作，对于活动而言这也很重要。
师：获奖小组谈一谈你们为什么能做到又快又好的。
生：我们小组一个人发杯子，大家都动手去接。我们让男生多喝一点。
师：嗯，合理的分工，还有补充吗？
生：一些不想喝的，喝不多的，我们就没让他们喝。
师：安排时因人而异。
师：通过这个小的游戏，我们知道在活动中，“最会合作的小组最容易获得成功”“最遵守纪律的小组最受大家的欢迎”。希望大家在后面的活动中做得更好。
2. 欣赏图片，引出主题
师：今天，我带来了一些你们身边老朋友的照片，咱们来看一看你们的老朋友都有谁！
生分别回答。
师：同学们，老朋友相见格外亲切吧？实际上它们都属于同一家族，那就是——
生：饮料！
师：想喝吗？
生：想！</td>
</tr>
</table>

二、主题分解

<table>
<tr>
<td>一起“探秘”饮料世界
（第一次主题分解环节）</td>
<td>VS</td>
<td>合作“分解”饮料秘密
（第二次主题分解实录）</td>
</tr>
<tr>
<td>1. 展开讨论，生成研究问题
（1）师：关于饮料，你最想了解它哪方面的问题？哪些问题值得我们研究？
（2）学生分组讨论，把自己组想到的问题写在“问题呈现表”上。哪一组想到的问题最多将得到奖励。</td>
<td></td>
<td>1. 假设情境，主题分解
师：下面有请饮料家族成员闪亮登场。这些饮料是我家楼下商店的吴老板送给大家的。现在让你选择，你会选哪一种？你能说一说选择的原因吗？理由充分的话就送给你。在这里，我想听到一些与众不同的声音。
生：我选“××”，我在广告上看到了它的功能很强，能消除疲劳。</td>
</tr>
</table>

2. 归纳整理，确定研究的主题

（1）将重复的、不规范的删掉。

（2）将内容相近的归为一类。

（3）找出研究起来较困难的和我们没法去做的。

（4）找出没什么研究价值的和对我们来说没什么意义的。

预设课题：

专题一：饮料的种类和品牌的研究

现今市场上饮料有哪些种类和品牌？

专题二：饮料的成分及对人体影响的研究

各类饮料由哪些成分组成？哪些是对人体有益的营养成分，哪些是有害的成分？不同的饮料适宜哪些人群和季节？饮料对身体有哪些影响？

专题三：饮料受欢迎程度的调查研究

了解饮料在人们心目中的受欢迎度和涉及面，以及人们对饮料的了解程度。现今市场上很多种类和品牌的饮料，哪些最受顾客欢迎？不同年龄层的人群选择饮料有什么不同特点？

专题四：饮料的宣传和促销手段的研究

饮料的包装、宣传等情况。为什么饮料会有那么大的诱惑力？饮料有哪些促销手段？

专题五：劣质饮料的调查研究

调查我们身边是否存在着低劣的饮料。它对人体有什么影响？怎样学会辨别和抵制不合格饮料？

师：你是根据饮料的作用来选择。

师：我要提醒你，这个“××”饮料是不适合青少年饮用的。它里面有的成分对你有副作用哦！所以啊，建议你回家后给你的爸爸妈妈饮用。

生：我选“××”。

师：为什么呢？

生：因为它没有什么副作用。

师：这不行，你还是从作用上来考虑的哦，还有其他方面的思考吗？

生：它比较便宜。

师：对，还可以从价格方面考虑。

生：我选“××”。它的瓶身上有一支笔。

师：哦，这是一种促销活动。

生：我选“××”，因为它的口味比较好。

师：你真会选，“××”的口味是很独特的，到现在为止，全球不超过10个人知道它的配方。

生：我选“××”，因为它的包装比较新奇。

师：你是根据包装来选择的。

（教师见机板书：口味、销售情况、作用、广告、品牌、包装、价格、促销活动……）

师：是啊，小小饮料还真有大学问，选择一个饮料就可以从这么多方面来考虑，看来同学们都是热爱生活的好孩子。

2. 指导活动，落实行动

师：实际上啊，今天早上出门之前，吴老板除了送给我一些饮料之外，还有一件烦心事想请大家帮忙解决。他说，他店里的饮料生意一直不是很好。但听说我今天要来上一节关于饮料的课，他高兴得不得了。他说我们天正的孩子很聪明，要我请大家帮帮忙想一想：如何让他的生意红火起来。

师：谁先来说说看？

生：搞些促销活动。

师：什么商品是需要促销的？哪种促销是比较受欢迎的？你了解过饮料产品都是怎么促销的吗？

生：不知道。

师：还有谁来谈一谈？

生：进一点口味好点的，学生们喜欢的饮料。

师：你知道哪些饮料是学生们喜欢的吗？

生：不知道。

	师：看来要想出好点子，咱们必须对饮料先有一个全面的了解。以“口味”为例，我们得先了解一下学生最喜欢哪些口味，了解一下市场出现了哪些新口味…… 师：为了对饮料有一个全面的了解，我们现在来个全班总动员。我们以小组为单位进行招标，第一小组你们选哪个方面？ 生：口味。 师：第二小组呢？ 生：作用。 …… 第八小组只剩一个了，实际上没关系，前面别人研究过的你们也可以研究啊，只要你们感兴趣。 生：口味。 师：好，任务已领，下面我们来活动。 活动咱们分三步走—— 第一步：讨论了解内容。 第二步：组长书写粘贴。 第三步：评价书写内容。 时间8分钟，大家活动时我会倒计时。我们来看一看哪一小组做得又快又好。（学生开展活动，教师适时指导） 师：咱们来看一下这个小组所了解的内容，能说一说你们为什么了解这个吗？ 生：只有了解了哪些饮料对我们没有副作用，才能让他进一些对大家都有好处的饮料，这样同学们就喝得更放心了。 师：说得真好，来点掌声！其他人有什么建议吗？ 生：我认为他们还要了解一下哪些饮料副作用很大，这样可以引起老板的注意——少进那些副作用大的。 师：你的想法也不错。 师：好，下面我们来看一看，你们对其他小组所要了解的内容还有什么建议或是补充吗？ 生：没有。 师：老师看到这样一条内容，是促销活动小组提出的“设计一些比较新奇的图案”，你们看行吗？ 生：不行，要先去了解。

师：对了，这条我建议改成“了解饮料中的哪些图案是比较吸引人的”，你们看行不行？
生：好！
师：通过刚才的活动，我发现同学们很爱动脑筋，短短8分钟时间想出了这么多的好办法。我回去后一定将你们的这些建议带给吴老板。他根据大家的建议进行了解，再根据调查情况调整自己的经营策略，相信他的生意一定会红火起来。

三、制订研究方案

（一）有序展开全方位研究（第一次制订研究计划）

1. 自由组合，建立课题小组，明确分工

（1）感兴趣的小组选出小组长，给自己的小组起个名字，确定研究的主题。

（2）引导学生不能忽视弱势的孩子。

（3）采访调查：你是根据什么来选组的，为什么给自己的组取这样的名字？

2. 制订调查计划

（　　　　　　）小组活动计划表

<table>
<tr><td>我们的小组名</td><td></td><td>组长</td><td></td><td>想要聘请的指导老师</td><td></td></tr>
<tr><td>课题名称</td><td colspan="5"></td></tr>
<tr><td>开展研究的理由</td><td colspan="5"></td></tr>
<tr><td>研究内容和研究方法</td><td colspan="3">研究内容</td><td>研究方法</td><td>活动时间</td></tr>
<tr><td rowspan="7">研究内容和研究方法</td><td colspan="3"></td><td></td><td></td></tr>
<tr><td colspan="5">供参考的研究方法：上网查找；图书馆查找；调查问卷；采访；实地考察；亲自做实验……</td></tr>
<tr><td>分工</td><td colspan="2">职责</td><td>成员</td><td>负责人</td></tr>
<tr><td>组长（1人）</td><td colspan="2">负责本组调查课题的各项组织领导工作</td><td></td><td></td></tr>
<tr><td>联络员（1人）</td><td colspan="2">负责活动的准备、活动相关事务的联络、沟通</td><td></td><td></td></tr>
<tr><td>记录员（若干）</td><td colspan="2">负责相关的访问、记录工作</td><td></td><td></td></tr>
<tr><td>信息采集员（若干）</td><td colspan="2">负责资料的采集、处理、整理工作</td><td></td><td></td></tr>
<tr><td rowspan="3">可能遇到的问题及解决的方法</td><td colspan="3"></td><td colspan="2"></td></tr>
<tr><td colspan="3"></td><td colspan="2"></td></tr>
<tr><td colspan="3"></td><td colspan="2"></td></tr>
<tr><td>成果的展示形式</td><td colspan="3">供参考的展示形式：结题报告；体会文章；小报；宣传板；图片；录像；小品表演……</td><td>我们的成果展示形式</td><td></td></tr>
</table>

3. 老师组织学生集中汇报

评价标准：

（1）活动的步骤是否有序。（活动分解、时间安排等）

（2）活动的方式是否适合。（形式能否为内容服务，是否适合更有效地开展活动）

（3）人员安排是否科学。（是否做到各尽其才，各显神通）

（二）自主选择多维度研究（第二次制订研究计划）

师：在帮吴老板解决困难的过程中，不知不觉大家一起走进了饮料世界。在不经意间，我们完成了主题的分解，明确了活动的内容。为了让活动更有序，现在我们将所要开展的活动理一理，完成我们的活动计划表。

第__小组活动计划表

我们的小主题	
活动任务	
活动的方式	
任务的安排	
成果展示形式	

师：你们来看一看，主题有了没有？

生：有，在黑板上。

师：你们真厉害，这都被你们想到了。但是这能算是主题吗？

生：不行。

师：不用急，实际上我们帮它化一下妆就行了，你们看——

活动主题：

饮料口味的研究

饮料销售情况的研究

……

下面你来试试！

生：饮料作用的研究、饮料副作用的研究、饮料促销活动的研究、饮料包装的研究……

师：太棒了！我们再来看活动任务，你们看有没有你们的内容。

生：有，就是刚刚我们粘贴的内容。

师：是的，实际上我们刚刚了解的内容就是我们活动的前期安排。当然活动到了后期，我们还可以根据所了解的内容开展相应的活动。

师：活动的方式又是什么呢?

生：采访、调查。

师：还有吗?

生：查资料。

生：上网查。

师：这些都是了解的手段。

……

师：任务的安排，老师认为要根据同学们的特长、兴趣爱好等来进行分配。最后我们思考一下我们的活动形式。

……

师：时间过得很快，今天的活动就要结束了。今天的活动虽说是帮吴老板解决了一个大困难，但实际上收获最大的是我们。通过活动，我们知道了主题分解就是在一个大课题下找出大家所关注的问题。解决这一问题的最初工作就是全方位地了解，然后根据了解的情况开展更深一层次的活动。所以说本次活动的结束，恰恰是下一次活动的开始，希望大家在你们指导教师的带领下继续开展活动。

第二节　教学智慧解析：言之有理，研之得法

一、谈活动导入

活动课的课堂中学生是很活跃的，如果不能把握好学生，就很难有效地组织好课堂。

两次执教“走进饮料世界”，教师设计了不同的导入环节。第一次是从学生们熟悉的广告片和广告语入手，第二次是设计了让学生们分组比赛喝饮料的活动。第二次活动的小游戏，看似是为了活跃一下课堂的气氛，实质是通过活动让学生体会“团结合作”与“遵守纪律”的重要性。与空洞的语言教育相比，这种活动形式更深刻、有效，更受学生欢迎。与此同时，和第一次相比，第二次的导入环节设计从电视媒体走向生活本身，从看得见的饮料到喝得着的饮料，从各抒己见到小组合作，让学生们觉得饮料的世界真是充满无限的吸引力，必须和小伙伴们一起好好研究一番。

二、谈主题分解

为了让学生研究得更透彻，为了让每一位学生都能真正参与活动，我们往往都对大主题进行主题的分解，让学生从一个比较小的方面入手来开展研究性学习。

两次执教“走进饮料世界”，教师设计了不同的“探秘”过程，第一次让学生们围绕主题展开讨论，生成活动研究的内容，并且预设了一些研究课题。这个分解的过程，虽说是让学生去选择感兴趣的话题来进行研究，但实质上学生对这个过程不感兴趣。因为多次这样来操作，有的学生可能会对主题分解产生一种定式。当然这样做有时能提高课堂中的效率，但就毫无活动快乐可言。通过主题分解，学生虽有了活动的内容，但是如何真正开展活动，学生并不清楚。在实际指导过程中我们不难发现，有的学生在设计自己的活动步骤时，可以说是为了活动而活动，缺乏活动的目的性和主动性，活动的效果也就可以想

象了。第二次教师很好地假设了一个活动的情境，通过创设情境，让学生产生强烈的研究欲望；再运用挫折教育法，让学生体会想要顺利开展活动，必须对所要研究的内容有个全面了解；然后教师再对学生进行了解活动的引领，让学生在实际解决难题的过程中确定自己想要研究的小课题。本次活动之中，教师通过让学生从不同方面来选择饮料，并适时进行奖励来进行主题分解，为课堂增添了快乐因素，大大调动了学生参与活动的热情，让学生在不知不觉中真正地走入了活动。

三、谈方案制订

两次执教“走进饮料世界”，教师设计了不同的小组活动计划表，第一次旨在让学生有序而全方位地展开研究，依托计划表有步骤、有侧重点地去完成。因为每次指导活动过于程式化，活动各个环节的分解过于成人化，所以学生失去了学习动力，制订计划活动变得枯燥而无味。第二次教师简化了小组活动计划表的内容，让学生根据自己分解的小主题自由组成研究小组来制订，鼓励他们从小处着眼，多维度地开展活动。在制订计划的过程中，学生表现出了很大的热情。原因就在于，本堂课指导过程的“无痕化”处理，巧妙地将计划制订中的一些重点和难点内容分解到了指导活动的各个环节，让学生在不知不觉中学会了如何分解主题、开展活动。计划的制订不再是学生的难题，相反，让学生在制订过程中体会了成功的快乐。有的学生可能真的没想到，自己还这么厉害，一个计划在几分钟内就完成了，这是以前从来没有体会到的。所以说“快乐的无痕教学”是本课的亮点，既是学生学习动力的源泉，也是综合实践课程实施者的一种追求。

第三节　小学综合实践活动学科教学智慧的特点

回到开篇，为了探索如何更好地通过学科教学智慧实现对学生综合实践活动的引领与指导，从而培养学生从事探究活动的正确态度，增强解决问题的实际能力，教师两次和三年级的学生一起走进饮料世界，在综合实践的课堂中一路求索，一路收获，许多想法不谋而合。

一、努力寻找综合实践活动课程的生活之源

综合实践活动是从学生的真实生活和发展需要出发，从生活情境中发现问题，转化为活动主题，通过探究、服务、制作、体验等方式，培养学生综合素质的跨学科实践性课程。

在开展任何一科知识的教育教学中，其知识内容都与生活实际存在着一定的关联性。信息和知识都起源于生活，在解决生活实际问题中也发挥了自身的重要意义与价值。为此，在小学综合实践的教育教学过程中，教师就需要从理论知识和实践应用的两个方面进行整合分析，以此来对学生进行有针对性的培养。教师可以在授课的过程中重点应用部分生活实例，帮助学生建立起教学情境和现有知识内容之间的关联性，帮助学生从熟悉的环境中来理解潜在的知识内容。这样，课堂就会显现出更加生动的一面，帮助学生更加直观地理解涉及的知识内容。比如说饮料都是学生们生活中常见的饮品，各种品牌、各种口味的饮料也是层出不穷，选择这一主题来让学生进行研究探讨，大部分学生都是跃跃欲试的。从喝饮料的比赛活动开始，到为出售饮料的吴老板想办法解决销量问题，学生们在不知不觉中已经把在生活中司空见惯的事物上升到一个研究的高度，想要从深层次对其进行分析和了解。笔者认为这就是综合实践课的真正意义所在——从日常学习生活、社会生活或与大自然的接触中提出具有教育意义的活动主题，使学生获得关于自我、社会、自然的真实体验，建立学习与生活的有机联系。

二、用心创设综合实践活动课程的教学之境

2010年，《国家中长期教育改革和发展规划纲要（2010—2020年）》首次明确提出“尊重教育规律和学生身心发展规律，为每个学生提供适合的教育”。“适合的教育”是“以人民为中心”的教育发展思想，是“以人为本”教育思想的另外一个角度的体现，是素质教育另一个角度的体现，也是因材施教的另外一种表述。作为一名一线教师，要为学生们提供“适合的教育”，就需要学科教学智慧。教学智慧源于我们对班级学生的全面了解，源于对课程内容的有效选择，源于对教学环节的创新设计，源于对课堂现场的调适把控。

综合实践活动强调学生亲身经历各项活动，全身心参与实验、探究、设计、创作、反思的全过程，在体验、体悟、体认中发现、分析和解决问题，体验和感受生活，发展实践创新能力。教师在教学中要努力让学生在具体、真实的情境下多途径开展活动，拓宽学生的学习空间。这样学生才能在亲身经历、实际操作与实践活动中获得探究问题、与人交往的能力，以及正确的态度与价值观。在第二次执教“走进饮料世界”一课中，教师就以楼下商店的吴老板请小朋友喝饮料为导入，自然过渡到如何帮助吴老板解决饮料销售难题，再拓展到怎样进一步展开具体研究，以便做好市场调查和反馈。这样层层递进，始终在故事的引领中创设一个个有趣而真实的情境。学生也是在身临其境中不断地发现问题，开展活动，激发思考，并合作互助。

三、智慧引领综合实践活动课程的研究之旅

在学生学习与成长的阶段，除了科学知识水平之外，非智力因素的发展也需要受到教师的重视。教师应当在学科知识的基础上设计各种趣味性的环节。开放教学活动，学生能够在整体教育氛围下体会到知识的价值和乐趣。综合实践活动提倡学生自主实践，就是要给学生足够空间，鼓励他们对实践活动的各个方面做出选择和调控，独立开展实践活动。但这种独立不是绝对的，也不是教师不管不问，完全放任自流。教师不能满足于让学生获得知识或答案，而要让学生了解并掌握获得知识的方法和技能。

（一）分解课题，见微知著

综合实践活动的目标之一是实现问题解决，即教师引导学生联系学校和家庭生活，发现并提出自己感兴趣的问题，能将问题转化为研究小课题，体验课题研究的过程与方法，提出自己的想法，从而获得对问题的初步解释。在第二次执教“走进饮料世界”一课中，教师并没有像第一次执教时那样把提前预设好那些研究课题给学生做参考，而是通过创设情境，让学生在实际解决难题的过程中确定自己想要研究的小课题，引导他们自主地学习并和同伴进行有效的组合，以达到自然无痕的生成和事半功倍的效果。

（二）化繁为简，扶放有度

在综合实践活动实施过程中，要处理好学生自主实践与教师有效指导的关系。教师既不能“教”综合实践活动，也不能推卸指导的责任，而应当成为学生活动的组织者、参与者和促进者。对于整个综合实践活动的环节设计与指导，教师可以尽量做到化繁为简，扶放有度，将其贯穿于综合实践活动实施的全过程。

两次执教“走进饮料世界”，教师设计了不同的小组活动计划表。第一次是让学生们依托计划表有步骤、有侧重点地去完成。第二次则简化了小组活动计划表的内容，让学生根据自己分解的小主题自由组成研究小组来制订，鼓励他们从小处着眼，多维度地开展活动。这样简简单单地“放”后，“扶”的过程也会变得更有序、完整和有效，让学生面对表面的、零散的、不成体系的问题时可以通过进一步研究看到问题的实质，实现学习的迁移，从而提升学生的认知能力和实践能力，这才是我们教师指导的智慧和价值所在。

智者，日有所知；思者，沃于心田。愿教师们在综合实践的教学道路上且行且思，开启学生更多思维的方式，拓展学生更多研究的路径，带给学生更多探索的快乐！

参考文献

[1] 张新平，黄胜.波浪式推进：我国义务教育改革发展40年[J].中小学管理，2018（11）.

[2] 张新平.何谓“适合的教育”[J].基础教育论坛（下旬刊），2017（8）.

[3] 张新平.“适合的教育”与校园文化营建[J].基础教育论坛（下旬刊），2017（9）.

[4] 成尚荣.为每个学生提供适合的教育[J].人民教育，2010（20）.

[5] 成尚荣.适合的教育：要义与要点——一种框架性的思考[J].江苏教育（教育管理），2017（6）.

[6] 冯建军，刘霞.“适合的教育”：内涵、困境与路径选择[J].南京社会科学，2017（11）.

[7] 葛道凯.适合的教育：江苏教育的当下期待[J].江苏教育（教育管理），2017（7）.

[8] 葛道凯.“适合的教育”才是最好的教育[J]. 教育研究，2021（3）.

[9] 周思，赵峻岩.论“适合的教育”：内涵与实现路径[J].教育探索，2019（1）.

[10] 冯恩洪.创造适合学生的教育[M].天津：天津教育出版社，2011.

[11] 李奇勇.适合的教育才是最好的教育[M].上海：华东师范大学出版社，2017.

[12] 田慧生.时代呼唤教育智慧及智慧型教师[J]. 教育研究，2005（2）.

[13] 杜萍，田慧生.论教学智慧的内涵、特征与生成要素[J].教育研究，2007（6）.

[14] 王卫华. 教学机智论[D]. 武汉：华中师范大学，2009.

[15] 马克斯·范梅南.教学机智：教育智慧的意蕴[M].李树英，译.北京：教育科学出版社，2001.

[16] 廖锡元.PCK——使教学最有效的知识[J]. 教师教育研究，2005（11）.

[17] 王九红.小学数学教学智慧研究[M].南京：江苏教育出版社，2012.

[18] 王九红.试论学科教学智慧的内涵、表现和发展[J]. 教育发展研究，2012（12）.

[19] 王九红.一所新学校的文化崛起[M].南京：南京大学出版社，2017.

[20] 王九红.转识成智：基于小学数学教师PCK发展研究[M]. 南京：江苏凤凰教育出版社，2019.

[21] 王九红.用实践为“适合的教育”求解——南京市天正小学的探索[J].教育研究与评论（小学教育教学），2020（5）.

[22] 苏霍姆林斯基.给教师的建议[M].杜殿坤，编译.北京：教育科学出版社，1984.

[23] 方明.陶行知教育名篇[M].北京：教育科学出版社，2005.

[24] 叶圣陶.叶圣陶语文教育论集[M].北京：教育科学出版社，2015.

[25] 杨九俊.语文教学艺术论[M].上海：华东师范大学出版社，2020.

[26] 蔡宁，张佩贤.小学语文大单元整合教学的理论与实践[M]. 南京：江苏凤凰教育出版社，2017.

[27] 倪文锦.语文核心素养视野中的群文阅读[J].课程·教材·教法，2017（6）.

[28] 郑毓信.国际视野下的小学数学教育[M].北京：人民教育出版社，2003.

[29] 郑毓信.数学深度教学的理论与实践[M].南京：江苏凤凰教育出版社，2020.

[30] 《中小学课后服务实践》编写组.中小学课后服务实践[M]. 南京：南京出版社，2021.